JN059074

新版

Q&A少年非行を知るための基礎知識

親・教師・公認心理師のためのガイドブック

村尾泰弘 *Murao Yasuhiro*

明石書店

はじめに

本書は以前出版した村尾編著『Q&A 少年非行を知るための基礎知識』を大幅に書き改めたものである。この前書『基礎知識』はおかげさまで好評をもって迎えられた。本書はこれを土台にさらに新しい知識や事例を盛り込み、少年非行をわかりやすく解説することに徹した。

本書の特徴は、まず第1章に「少年非行理解のためのミニマム・エッセンス」を置き、これだけ読めば、少年非行の中核部分を理解できるようにしたということである。ここに必要に応じて、Q&Aの項目やページを記し、もっと深く知りたければこのQ&Aなどを読めばよいというように工夫を重ねた。このQ&Aも大幅に書き改めた。

また、第2章の「少年非行を理解するための心理学理論」は、まったく新しく書き改めたものである。前書『基礎知識』よりもページ数を多くとり、より深く非行を理解するための心理学理論を紹介した。最新の理論である「ナラティヴ・セラピー」なども積極的に取り入れ、専門家である臨床心理士や公認心理師に読んでいただいても十分満足していただけるものになったと自負している。これも本書の新しい試みである。第3章の「少年非行を理解するための社会学理論」も大幅に書き改めた。

さて、少年非行を理解するうえでの難しさは、次の二つの側面を含んでいる。一つは、文字どおり内容理解の難しさである。非行そのものをどのように理解すればよいか。なぜ、こんな犯罪が生起するのか。非行に対する対応はどのようにすればよいのか。

このような内容理解の問題に加えて、もう一つは、非行の事件処理手続きの問題である。家庭裁判所を中心とする処理のプロセスは非常に煩雑で、よくわからないという声も聞く。親や教師、学校関係者は、この処理手続きがわからずに頭を抱える場合も多い。

本書では、これらの非行のさまざまな問題について、できるかぎりわかりやすく解説するように努めた。

前述のように、第1章「少年非行理解のためのミニマム・エッセンス」では、非行に対する対応をいかに考えればよいのか、少年法の理念とは何なのかという、少年非行の理解と対応の基本を論じた。第2章「少年非行を理解するための心理学理論」は、精神分析、ユング心理学、認知行動療法、非行カウンセリング、家族療法とブリーフセラピー、ナラティヴ・セラピーといった、少年非行を理解するうえで必要な心理学理論を網羅した。実務家として理解しておかなければならない重要な理論、最新の理論を満載している。しかもかなり深く論じている。第3章「少年非行を理解するための社会学理論」では、とりわけ臨床に役立つと思われる非行・犯罪に関する社会学理論をわかりやすく解説した。

第4章は、本書の中核ともいえる「Q＆A」である。平易な文章でわかりやすく解説することに努めた。また事件の流れに即してQ＆Aを配し、保護者が読んでもわかるように平易に記述した。自分の子どもが非行で警察に捕まった、その後、具体的にどのようなことをしなければならないのか、生徒が非行をした、中学教師としてどのようなことをしなければならないのか、読者にとって、かゆいところに手が届くように配慮を重ね、Q＆Aを設定した。

第5章「事例から学ぶ非行理解」では、事例にもとづく具体的な非行理解、あるいは非行対応を解説した。非行を理解するためには、やはり事例にもとづきながら理解していくプロセスが必要不可欠と考えるのである。このような事例への着目は、他書にはない新しい試みであると自負している。

第6章「非行臨床の新しい視点」では、被害者支援やトラウマ、修復的司法といった新しい非行や犯罪についての考え方を解説した。

●

このように、本書は、現代非行を理解するうえでぜひとも必要な内容を、できるかぎり網羅できたと考えている。初学者、一般読者の方が楽しく読める、また、読んでよくわかることを第一にめざした。その一方で、内容紹介からご理解いただけると思うが、スクールカウンセラーや教師、また、非行研究者などの専門家の要望にも十分対応できるものになったと自負している。本書が非行問題の理解の一助となることを切に願っている。

なお、本書で用いた事例は、一部を変えたり、複数の事例をつなぎ合わせるなど、加工を施してある。これはすべてプライバシー保護の観点から行ったことである。ご了承いただきたい。

2020年2月

村尾泰弘

新版 Q&A 少年非行を知るための基礎知識
——親・教師・公認心理師のためのガイドブック

目次 contents

はじめに　3

第1章　少年非行理解のためのミニマム・エッセンス……15
1　年齢という視点　17
2　少年法の理念という視点　19
3　大人扱いができるかという視点　23
4　被害者意識という視点　24

第2章　少年非行を理解するための心理学理論……31
1　精神分析　33
2　ユング心理学　35
3　家族療法——家族システムとその変容　38
4　認知行動療法　41
5　非行カウンセリング　43
6　家族療法の流れとブリーフセラピー　46
7　ナラティヴ・セラピー——物語と語り、そして、ユニークな結末　51

第3章　少年非行を理解するための社会学理論……59
1　緊張理論　61
2　文化的逸脱理論　64
3　ラベリング理論　67
4　統制理論　69
5　ゼロトレランスと割れ窓理論　71

第4章　少年非行の具体的な対応・Q&A……75
1　非行とは　76
Q1　現代非行の特徴について教えてください。76
Q2　非行形態の移り変わりについて教えてください。79
Q3　犯罪少年・触法少年・ぐ犯少年とは何ですか？　82
Q4　自転車を盗んだのに、占有離脱物横領という罪名がついて、家裁から呼び出しがきました。これはどういうことなのでしょう。一見、軽い非行にみえる事件の落とし穴について教えてください。84

Q5　性非行について教えてください。　86
Q6　薬物非行について教えてください。　88
Q7　チームやギャングと呼ばれている集団はどのようなものですか？　91
Q8　最近の少年はキレやすいといわれていますが、なぜなのでしょう？　93
Q9　非行深度について教えてください。　95
Q10　家庭裁判所で用いられる用語に要保護性というものがあります。要保護性とはどのようなものですか？　98
Q11　感染性非行と不適応性非行とは、どのようなものですか？　100
Q12　発達障害とは、どのようなものですか？　102
Q13　子どもが仲間から万引きをしようと誘われて、断れないでいます。いっしょについていくだけでも共犯者になる可能性はありますか？　105
Q14　非行の兆しはどのようなところに表れてくるのでしょうか？　子どもを非行に走らせないためには、親としてどのようなことに気をつけないといけないのでしょうか？　106

2　子どもが事件を起こしたら　108

Q15　警察で取り調べを受けた後はどうなるのですか？　108

Q16 子どもが事件を起こし家庭裁判所から呼び出されました。どうなるのでしょうか？　親と子はどのような準備をすればよいのでしょうか？　110
Q17 中学校の教師ですが、生徒が事件を起こしました。教師はこれから、どのようなことをすることになるのでしょうか？　112
Q18 家庭裁判所に事件がかかりました。前科になるのでしょうか？　114

3 事件の流れ　116

Q19 少年法の理念について教えてください。　116
Q20 家庭裁判所をめぐる事件の流れを教えてください。　119
Q21 家庭裁判所調査官から、家庭裁判所にくるように呼ばれました。家庭裁判所調査官とはどのような職種の人ですか？　また、その面接とはどのようなものですか？　122
Q22 家裁調査官の調査が終了しました。審判不開始という決定となりました。これはどのようなものでしょうか？　124
Q23 家庭裁判所の審判とはどのようなものなのですか？　成人の刑事裁判とどこがちがうのですか？　126
Q24 不処分とは何ですか？　129

Q25 保護処分とはどのようなものですか？ 131
Q26 保護観察とはどのようなものですか？ 133
Q27 少年鑑別所とはどのような施設ですか？ 135
Q28 中学校の教師ですが、少年鑑別所で生徒に会うことはできるのでしょうか？ 137
Q29 未成年なのに地方裁判所で刑事裁判を受けることはありますか？ 140

4 家庭裁判所での処分と関係機関 141

Q30 児童自立支援施設とはどのような施設ですか？ 少年院とどこが違うのですか？ 141
Q31 少年院とはどのような施設ですか？ 143
Q32 少年刑務所とはどのようなところですか？ 少年院とはどこが違うのですか？ 147
Q33 試験観察について教えてください。 149
Q34 付添人とは何ですか？ 151

第5章　事例から学ぶ非行理解の実際……153
1　事例から学ぶことの意義　154
2　万引きなど軽微な非行の理解　156
3　暴力非行　161
4　薬物非行　163
5　性非行　165
6　累犯少年の特徴とその対応――被害者意識のパラドックス　167

第6章　非行臨床の新しい視点……177
1　被害者支援　178
2　犯罪被害者とトラウマ　184
3　被害者の視点を取り入れた教育――少年院、刑務所での取り組み　191
4　修復的司法　193

おわりに　201

第 1 章
少年非行理解のための ミニマム・エッセンス

少年非行を理解するうえで必要な四つの視点

少年非行は煩雑で理解しにくいとよくいわれる。非行問題の難しさは二つの側面を含んでいる。一つは、文字どおり少年非行のその内容理解の難しさである。もう一つは非行事件の処理手続きの問題である。家庭裁判所を中心とする処理のプロセスは非常に煩雑で、よくわからないという声も聞く。

この第1章では、非行理解に必要なミニマム・エッセンスを書くことにした。つまり、最低限、これだけを読めば、少年非行はよく理解できるという内容を書くことにしたのである。読者はまずこれだけを読んで、中核的な理解を深め、必要に応じて、その後の章、心理学理論やQ&Aなどを読めばよい。できるかぎり関連箇所を明示することにした。このプロセスを経れば、心理の専門家たる公認心理師にとっても得難い知識と内容理解を深めることができるであろう。

さて、筆者はこのミニマム・エッセンスを書くに当たって、四つの視点を用意した。1．年齢という視点、2．少年法の理念という視点、3．未成年を大人扱いできるかという視点、4．被害者意識という視点である。

1．から3．までは、少年非行を理解するうえで、最小限必要な法や制度などを中心に述べた。そして4．の被害者意識という視点は、筆者ならではの、非行行動理解の視点である。これらをじっくり読めば、少年非行はおもしろいほど深く理解できる。筆者はそう確信している。

１．年齢という視点

少年非行を理解するうえで、年齢というのはきわめて重要である。キーワードは20歳と14歳である。20歳未満は少年法適用の上限年齢である。20歳に達すると、少年法を適用することができない。少年非行という概念で犯罪・非行を考える上限を意味している。

ただし、現在、少年法適用年齢を18歳未満に引き下げようとする議論が活発である。そのため、年齢引き下げ問題については、つねに注意を払う必要がある。

では、14歳は何かというと、これは刑事責任能力を問える年齢の下限を意味している。つまり、犯罪が成立するための下限の年齢である。このことは意外に知られていない。

盗みをはたらくと窃盗罪が成立する。当たり前のことであろう。しかし、5歳の子が盗みをしても、窃盗罪は成立しない。では8歳の子ではどうだろう。やはり、窃盗罪は成立しない。では何歳から窃盗罪が成立するのか。

これが14歳なのである。日本では、14歳になってはじめて犯罪が成立する。ある種不思議なことである。また不合理なことも起きてくる。

たとえば、中学2年生を考えてみよう。中2の子どもは、13歳と14歳が混在している。クラスメートどうしが万引きの相談をして、いっしょにコンビニで万引きをしたとしよう。警察に捕まっても、13歳の少年と14歳の少年では、警察の対応が違うのである。14歳は窃盗罪が成立する。そのため、14

歳の少年は、犯罪少年として扱われる。事件化され、警察から検察庁を通して家庭裁判所に事件が送られてくる。

一方、13歳の少年は犯罪が成立しない。「触法少年」として扱われる。手をかける必要のある少年については、警察から児童相談所に通告もしくは送致される。触法とは「刑罰法令に触れる行為」のことであるが、これは年齢的に犯罪が成立しないので、「刑罰法令に触れる行為」という表現になるのだ。ようするに年齢の問題である。まずは、児童相談所で対応され、児童相談所が家庭裁判所に事件を送る必要のあるものだけが家裁に送致されるのである。ここのところはしっかりと理解しておきたい。

少年という用語にも要注意である。少年法では、少年とは20歳未満の男女をさしている。女子も少年である。男子少年、女子少年と呼ばれる。

さて、家庭裁判所で扱われる非行少年は次の3種類である（くわしくは第4章Q3参照）。

① 犯罪少年（14歳以上20歳未満で犯罪を犯した少年）
② 触法少年（14歳未満で、「刑罰法令に触れる行為」をした少年）
③ ぐ犯少年（14歳以上20歳未満で、将来罪を犯すおそれのある少年、および14歳未満で、将来刑罰法令に触れるおそれがある少年）

ぐ犯少年という考え方は、成人にはない考え方である。ぐ犯の「ぐ」には「虞（おそれ）」という漢字を当てる。現時点では犯罪に当たる行為をしていないが、将来、犯罪に当たる行為をするおそれがある少年である。たとえば、家に帰らず、もっぱら暴力団の組事務所で生活をしている少年などがその代表である。成人であれば、組事務所で生活しているだけでは、警察に捕まることはないが、少年法は少年の健全育成を目的にしているので、このような少年も家庭裁判所の審判の対象にするのである。

子どもに関係する法律には、児童福祉法という法律がある。この児童福祉法の適用年齢は18歳未満である。同法では、18歳未満の者を児童と呼び、同法の適用となる。おわかりのように、少年法と児童福祉法では、対象となる子どもが重なり合ってくる。児童福祉の代表的な機関は児童相談所ということになろうが、非行関連のものについて家裁と児相のすみ分けについて、実務的観点から簡単に述べておこう。14歳以上の犯罪については、家庭裁判所の対応となる。14歳以上のぐ犯については、児相も扱うが、深刻なものは家裁が対応することになる。14歳未満はもっぱら児相の守備範囲に入るが、深刻なものは児相から家裁に送られてくると考えてよいだろう。

2. 少年法の理念という視点

少年非行を扱う代表的な法律は少年法である。成人の刑事事件と少年事件は根本的に違う。刑事裁判の考え方は、行った犯罪行為に見合う罰を与えるという考え方である。これに対して、少年事件では、何が問題で非行に走ったのか。どのように対応すれば更生できるのかという視点で対応する。成人の犯罪は裁判で裁かれるが、少年事件を裁くのは審判である。根本的に違っている(くわしくはQ19参照)。

具体的に例をあげてみていこう。

同じ21歳のAとBが、まったく同じ30万円のバッグを盗んだとしよう。手口も同じである。警察に捕まったのも両名とも初めてである。

さて、この二人が刑事事件としての対応を受けたとする。結果は同じにならないとおかしいといえまいか。なぜなら、やったことも犯行時の事情も同じだからである。

しかし、少年事件ではどうだろう。17歳のCとDが、まったく同じ30万円のバッグを盗んだとする。しかも、手口も同じで、警察で捕まったのも初めてだとする。

この二人が家庭裁判所に送致されたとしよう。結果は同じになるだろうか。

これは、同じ結果になるとはかぎらないというのが正解である。

Cはきちんと学校に通っており、学校生活や家庭生活にも大きな問題はない。たまたまガールフレンドの歓心を買いたくて、バッグを盗んでしまった。一方、Dは学校にも行っていないし、仕事にも就いていない。家にはほとんど寄りつかず、もっぱら暴走族のたまり場で生活している。犯罪もいままで見つからなかっただけで、じつは万引きをくり返しているとしよう。

CとDには同じ対応でよいだろうか。よいはずがないと考える。問題の深いDには、それなりの更生に向けての対応が必要であろう。こう考えるのが少年事件である。

では、成人の刑事事件でも、このようにその人物に必要な対応を考えればよいと思う人もいるかもしれない。しかし、成人の裁判所には、そのようなことを調べる人がいない。だから、そのような対応はできないのである。もちろん法理論のうえでも、そういうことはできないことになる。

家庭裁判所にはその人の生活実態やものの考え方など、非行の背景と非行の重さを考える専門的なスタッフがいる。家庭裁判所調査官(以下、家裁調査官と略)である。家裁調査官が心理学や社会学など、人間関係の専門知識を駆使して調査をし、その少年に見合った対応を考えるのである（家裁調査官とその調査についてはＱ21を参照のこと。また、家裁調査官の調査は要保護性の調査が中心になるが、要保護性についてはＱ10を参照されたい)。

上記のように、少年審判では、その少年ひとりひとりの問題を検討し、その少年に見合う処遇を与えることになる。このことを個別性の原理という。これは少年法の基本的な原理の一つである（このような少年法の基本的な考え方や理念の詳細については、Ｑ19を参照)。

さて、家庭裁判所に事件を送致された少年は、家裁調査官の調査を受けることになる。そのうえで、扱いが決まる（事件の流れについてはＱ20を参照)。

家裁の終局決定としては、審判不開始、不処分、保護観察、少年院送致、児童自立支援施設送致、児童養護施設送致、児童相談所長送致、検察官送致などがある。

これらを簡単に概観してみよう。裁判官が直接、少年や保護者に会う場は審判と呼ばれる。

審判不開始（Ｑ22参照）は、家裁調査官が少年に会って調査をし、必要な訓戒を与え、本人も反省を深めているなどの場合、これ以上、審判（Q23参照）を開いて裁判官が会う必要がないという決定である。もっとも軽い決定ともいえる。

不処分（Q24参照）とは、審判を開いて、裁判官が直接、少年や保護者に会ったうえで、これ以上、保護処分などの処分をする必要がないと判断した場合をいう。

保護観察とは、保護観察所の行う保護観察の指導を受けるというものである。多くの場合は、地域の保護司の生活指導を受けることになる（Q25、26参照）。

少年院送致についてはQ25、30、31を参照されたい。

児童自立支援施設（Q25、30参照）とは、児童福祉施設であり、非行傾向のあるものをおもに扱っている。児童養護施設も児童福祉施設であるが、とくに非行傾向の有無と関係がなく、親といっしょに住めない者や、虐待などのために親から離して生活させることが必要な者が生活しているところである。

児童相談所長送致は、少年を児童相談所に送って、後は児童相談所の対応に任せるものである。

検察官送致とは、検察官に事件を送り返して、成人と同じ刑事裁判を受けさせるものである（検察官送致や少年刑務所に関しては、Q32を参照）。

さて、ここで忘れてはいけないものに、家裁への事件送致の形態が2種類あるということがある。

一つは在宅送致。これは警察や検察庁で必要な調べは受けるが、身柄を拘束されずに、家に帰され、事件の書類だけが家庭裁判所に送られてくる送致の形態である。ほとんどの事件では、この在宅送致である。

これに対して身柄付き送致とは、おもに、逮捕され、拘留され、身柄を拘束された状態で、家庭裁判所に送致されてくるものである。この場合、家裁に送致されてくると、釈放するか少年鑑別所に入れるかの判断を受ける。少年鑑別所に入ると、身柄を拘束された状況で家裁調査官の調査と少年鑑別所での鑑別を受けることになる。そのうえで、審判を受けるのである。

3. 大人扱いができるかという視点

よく世間では、少年法は少年を甘やかしている、ということがささやかれているようである。しかし本当にそうであろうか。少年は成人と同じ刑事裁判を受けることはないのであろうか。多くの人たちは、少年は刑事裁判を受けることがないと思っているようだ。しかし、それは間違いである。

少年は14歳になっていれば、大人と同じ刑事裁判を受けさせることができる。これが検察官送致（略して検送。逆送ということもある）である。事件を検察官に送り返し、刑事裁判の手続きに乗せるのである。

現在の少年法では、16歳以上の年齢で、故意に人を死なせてしまった場合（傷害致死事件や殺人事件など）、原則的に、事件を検察官に送り返し、刑事裁判を受けさせることになる。これを原則検察官送致（原則検送）と呼ぶ。検察官送致になれば、公開の裁判で裁きを受ける。その事件が裁判員裁判に相当するものであれば、少年犯罪であっても裁判員裁判になるのである。

したがって、未成年者を大人扱いにできるか、という問いの答えは、できるというのが正解である（Q29も参照されたい）。

4．被害者意識という視点

非行少年や犯罪者のなかには、再犯をくり返し、罪の意識がほとんど深まらないようにみえる者がいる。彼らはもちろん、理屈のうえでは悪いことをしたという自覚はある。ではなぜ罪意識が深まらないのだろうか。二つ事例を紹介したい。

事例1　少年A　14歳男子

Aは13歳のときに激しい校内暴力を起こし、窃盗、シンナー吸引、恐喝などで警察につかまった。家庭裁判所でしばらく様子をみるという扱い（試験観察）になったが、いっこうに行動は改善されず、児童自立支援施設に送られた。しかし、そこでの生活は安定せず、1か月に5回の無断外出をくり返して浮浪生活を送り、バイク盗と無免許運転、物損事故を起こしてつかまったのである。

家族はA、母、姉の3人家族。父はAが4歳のときに、仕事中に事故死している。母によれば、Aは幼少期からその場逃れの詭弁を弄するのが巧みで、裏表の激しい行動をくり返してきた。Aは驚くほど嘘がうまいと母はいう。

筆者はAと面接したが、Aは「僕は父親がいないことで、いじめられてきた」「僕はいつも運が悪い」「こんなこと（非行）をするようになったのは友達が悪かったからだ」などと自己弁護に終始し、自分を被害者の立場に置こうとする傾向が顕著であった。

事例2　少年B　19歳男子

Bは15歳のときに傷害、窃盗、放火などで家庭裁判所に事件送致された。その後、強盗強姦（未遂3件、既遂3件）、強盗強姦致傷、強姦致傷などを起こして特別少年院（現在の第二種少年院）に送致された。その後、同少年院を仮退院したものの、さらに強盗強姦、強姦致傷を起こした。*

Bの家族は母、兄3人、姉3人、妹の9人で生活。父親はBが就学する直前に蒸発して行方不明になった。母親はたくさんの子どもを抱え苦労を強いられてきた。

Bは無口だが、短気で立腹しやすい。「友人に裏切られた」「人は信用できない」などと言い、対人不信感が強いことを示す。筆者との面接が深まるにつれて、Bは「自分は人との関

＊刑法の改正により強姦罪は廃止され、現在は強制性交等罪に改められている。

わりを避けてきたが、本当はとても寂しがり屋である」と複雑な気持ちを訴え始めた。そして、「僕は友達との関係でも、いつも除け者にされる」「いつも僕はいじめられてきた」と述べ、被害感情が根深いことを示すに至った。

以上の2例をみると、共通点があることに気づく。それは、双方とも被害者意識が強いということだ。少年A、Bともに、罪を犯した加害者でありながら、気持ちのうえでは、あたかも自分が被害者のような立場に立っていることがわかる。彼らには、理屈のうえでは悪いことをしたという自覚がいちおうはある。しかし、心のなかでは「自分は不幸である」「不運である」「不当な扱いをされている」といった被害者意識が根強く、生活や行動はむしろこのような被害者意識に左右されているために、罪悪感が深まらないのだと考えられるのだ。これを筆者は、被害者意識の逆説(パラドックス)と呼んでいる。

さて、彼らの心のなかが被害者意識に満ちていること、これは彼らの心が傷つき体験をくり返してきたからだといえる。

元家裁調査官で臨床心理学者の橋本和明によれば、法務総合研究所(2001年の報告書)は少年院在院者について虐待などの調査を行った結果、少年院在院者(男女)のうち50・3%の者が身体的暴力や性的暴力(接触や性交)、不適切な保護態度のいずれかの虐待をくり返し受けた経験があると報告している[橋本 2004]。非行をくり返す少年たちの胸のなかには、親に虐待された、裏切られた、教師に不当に扱われたなどの被害者意識が深く鬱積しているのである。そして、この被害者意識が更生の障害になるのだ。

被害者意識の強さが更生の障害になる？　これは一見、不可思議に思えるかもしれない。

筆者は家裁調査官を辞めた後、被害者支援の活動もしているので、しばしば刑務所を訪れる。被害者の心情を訴えにいくためだ。

被害者本人や被害者遺族は、身体的に傷害を受けるだけでなく、精神的な疾患を発症したり、職を失ったり、経済的にも苦しい状況に追い込まれたりする。このような被害者の例を受刑者たちに話すのだ。しかし、受刑者にこのような話をしても、心に響いていかないことがある。それはなぜか。

それは、受刑者自身もじつは被害者であることが多いからだ。

親からひどい扱いをされてきた。虐待を受けた。社会からひどく扱われた。人にだまされた……受刑者の多くが被害者の体験をしている。そして、その被害感が更生のじゃまをする。

このような被害体験をしたことが、なぜ更生のじゃまをするのか。

このことがご理解いただけるだろうか。つまり、こうだ。

「そりゃあ、被害者はかわいそうだろう。でも、自分はもっとひどい目にあってきたんだ。だから、被害者のことなんか知ったことじゃない」。こういう気持ちになってしまうのだ。被害体験が、残念なことに被害者の理解や更生のじゃまをしているのだ。

筆者は非行少年から生活実態や生い立ちを聞き、しっかりと共感的な理解を試み、非行行動の根底にある被害者意識を理解することが重要だと考えている。そして、その被害者意識を心理的な治療の対象に据えることが、非行臨床の重要な側面だと考えているのだ。第5章（165ページ）にこれについてくわしく論じた。ぜひ一読されたい。

また、非行理解のためには、感染性非行と不適応性非行（Q11参照）という、二つの視点も重要である。感染性非行とは、非行を他者から学習するという発想である。いわば、朱に交われば赤くなるという考え方だ。一方、不適応性非行とは、フラストレーションの補償として非行が生じるという考え方である。父母がいつも家庭内でけんかをしているとしよう。子どもはフラストレーションが高まる。このフラストレーションを補償しようとして（簡単にいうと、すかっとしようとして）非行に至ると考えるのが、この不適応性非行の考え方だ。もちろん非行を感染性非行と不適応性非行に単純に分けられるものではない。ほとんどの非行は、この二つの要素が混じり合っている。しかし、この非行は感染性非行の度合いが強い、あるいは不適応性非行の度合いが強い、その背景は何か。このような二つの視点から当該非行の性質を理解していくことは、実務上、有効である。

また、非行深度という考え方がある。非行深度が浅い、あるいは深いという理解の仕方である。Q&Aにこの非行深度論を書いておいた。Q9をぜひ、一読されたい。

非行理解のためには、さまざまな知識と考え方を身につけることが必要であろう。しかし、本章では、「非行理解のためのミニマム・エッセンス」を抽出して書いた。このミニマム・エッセンスを手がかりに、本書のさまざまな部分にも目を通しながら、非行の理解と対応を試みられたい。

参考文献
橋本和明（2004）『虐待と非行臨床』創元社

第２章
少年非行を理解するための心理学理論

少年非行を理解するために、ぜひとも知っておきたい心理学の考え方や用語がある。ここではそれを解説したい。

まずは、精神分析である。フロイト（S. Freud）が創始した精神分析は、人間の行動をエス（イドともいう）、自我、超自我の相互作用によって分析する考え方である。無意識の作用を重視するところに特徴がある。

ユング心理学はフロイトの精神分析とは異なり、普遍的（集合的）無意識を想定する。ユング（C. G. Jung）の考え方のなかで、非行臨床と関わりが深いのは「影」の考え方である。これについても十分ふれることにする。

家族療法は、家族をシステムとしてとらえる考え方である。非行行動の背景には家族の影響があり、少年・少女はこの影響を強く受けている。家族システムの視点から非行を考えていきたい。

認知行動療法は、現在もっともポピュラーな心理療法の一つである。認知行動療法の成り立ちや認知行動療法の基本的な考え方、また、犯罪や非行への応用について、わかりやすく述べてみたい。

次に、ロジャーズの理論などで用いられる受容などの考え方を基本に「非行カウンセリング」を述べることにする。具体的な事例を中心にすえながら、わかりやすく解説してみたい。いわばカウンセリングの基本である。

「家族療法の流れとブリーフセラピー」では、家族療法の発展とブリーフセラピーの関係、とくに「ソリューション・フォーカスト・アプローチ」を取り上げる。

「ナラティヴ・セラピー」は、家族療法の流れのなかで誕生してきたと考えられるポストモダンの心理療法である。この新しい心理療法の考え方を、平易な表現で解説したい。とくにホワイト（M. White）らの「外在化」の手法に焦点を当てたい。

1．精神分析

精神分析は、フロイトが創始した心理療法の考え方・技法である。精神分析は、意識のみならず、無意識も重要な作用をするという考え方をとっている。フロイトは、自分（自我）が受け入れられない欲動や体験などを意識から排除するメカニズムを解明した。これは抑圧というメカニズムである。意識から排除しても完全に消えてなくなったわけではない。抑圧されたものは無意識の領域に放り込まれるのである。そして、それらは無意識の領域にとどまり、しばしば神経症などの問題を引き起こす要因となるのである。

フロイトは無意識の領域に追いやられたものを意識化することによって、神経症は治癒されると考えた。無意識下に追いやられた、いわば闇の怪物を意識によってしっかりと見すえることで神経症は治ると考えたのである。

フロイトはまた、心のしくみを、エス、自我、超自我という三つの領域によって考えた。

エス（es）とは本能衝動の源泉をいう。イド（id）ともいう。本能衝動がわき起こる、ふつふつとした釜のようなものを想像してもよいかもしれない。

超自我（super ego）は、簡単にいうと良心の機能を果たすところである。自分自身を監視するところであり、好ましくないことに対して「いけない」という禁止の命令をくだすところである。これは両親をはじめとする社会的な諸規範が、個体の精神構造に内在化したものと考えられる。また、超自我には、自分がこうなりたいという理想を形成する機能もある。

自我（ego）は、人格の中枢にあってさまざまな精神機能をつかさどるところである。エスと外界を調整したり、エスと超自我を調整したりする。

さて、これらを比喩を用いてわかりやすく考えてみよう。たとえば、幼児が駅のプラットホームで排便をしたくなったとする。「ウンチがしたいよ」というと、親は「ここでしちゃだめだよ」といい、トイレに連れていくことだろう。大人になるとどうか。プラットホームで排便がしたくなっても、そこで座り込んで用を足すことはしない。かたわらに親がいなくてもそうである。親が「そこでしてはだめ」といわなくても、心のなかで「そこでしてはいけない」という禁止の命令を発するからである。それは、親の禁止機能が心のなかに取り入れられたからだと考えられる。これが超自我なのである。

そして、自我は排便の欲求と超自我の禁止、「ここでしてはいけない」という命令を調整し、「トイレに行って用を足そう」という合理的な行動を選択するのである。

非行臨床では、超自我の形成過程が問題になることが多い。非常に単純な例をあげれば、コンビニに行って子どもが陳列してある商品が欲しくなったとしよう。ある母親は「店員が見ていなければ、盗ったってかまわない」という態度を示したとしよう。こういう親に育てられれば、犯罪肯定的な超自我が形成されるに違いない。しかし、母親が、「お店のものはお金を払って買わなければいけない」と教えさとす態度をとったとしよう。このような育てられ方をした子どもの超自我は、犯罪を抑止する機能を果たすだろう。このように精神分析では、子どもが育った養育環境を重視する立場といえる。

2. ユング心理学

フロイトと並んで今日の臨床心理学の発展に多大な足跡を残したのがユングである。ここでは、ユングの考え方についてふれてみることにする。

精神分析の始祖フロイトは無意識を重要視したが、フロイトの考えた無意識とは個人的無意識である。つまり、その人が個人として過去に体験したものが、なんらかの理由で無意識のなかに蓄積されると考えたわけである。

これに対し、ユングはさらにその底に生来的な（生まれつきの）無意識の層があるとして、これを普遍的無意識（集合的無意識とも呼ばれる）としてとらえた。そこには人類に共通した、あるいは民族に共通したイメージや行動パターンを生み出す何かがあると考え、それを元型と呼んだ。元型の種類としては、母なるものの元型（グレート・マザー）、アニマ・アニムス、ペルソナなどがある。

さて、ここでおもな元型を紹介しておこう。

①グレート・マザー（great mother）

グレート・マザーは、あらゆるものを産み、育てる「母なるもの」の元型である。母性のもつ「包含」の機能には、「産み育てる」肯定面と、抱え込み「呑み込む」否定面の二面性があり、それは地母神と鬼母神に代表される。夢やイメージでは、大女神、ドラゴン、魔女、山姥、海、渦巻、洞穴、壺のようなかたちで表れることもある。臨床的には、「ドラゴン退治」「肯定的母親像探し」などのモチーフが、普遍的テーマとして見受けられる。

②老賢人（old wise man）

老賢人は、あらゆる社会的野望を乗り越えた悠々自適な仙人のような「父なるもの」のイメージとして表れる。天の「英知」輝く肯定面と、闘争や「横暴」にふるまう否定的な面の二面性をもつ。男神、仙人、稲妻、雷鳴などのイメージで表現される場合もある。

③トリックスター（trickster）

愚かな行為、おどけなどで秩序を攪乱、「破壊」するが、世界に新しい変化や創造をもたらす可能性ももつイメージとして表れる。童児神、いたずら者、ペテン師、道化、民話のたぬきやきつねなどのかたちで表れることがある。

④アニマ（anima）・アニムス（animus）

心のなかに存在する異性イメージ。男性の心のなかの異性像はアニマ、女性の心のなかの男性像はアニムスと呼ばれる。

ラテン語で「風、空気、呼吸、魂、生命力、精神」などの語源をもち、この異性像の発達が各人の心の成熟に重要な働きをする。

⑤ペルソナ（persona）

古典劇で役者がつけるマスク（仮面）を意味するラテン語に由来する。個人が外界への適応に必要とする心の内部の組織、公的なパーソナリティをさす。

人はそれぞれ性別や所属、場面に応じていくつかの役割を使い分け演じている（「学生風」「医者らしさ」「男らしさ・女らしさ」など）。ペルソナは「社会に向けた顔」といえる。ゆえに、ペルソナの欠如は、不適応などの社会からの批判を浴びやすいが、一方、ペルソナに同一化しすぎて、その個人の個性が発揮できない場合にも、心の内面に盲目となり、他者との人間的な接触を妨害されることがある。なお、夢やイメージのなかでは、しばしば衣服や殻、皮、名刺など、身につけるもので表される。

影と非行臨床

ユング心理学のなかで、非行臨床と関わりが深いのは「影」の考え方である。「影」とは、「その人が意識として生きてこなかった自分」である。

人はそれぞれその人なりの生き方や、人生観をもっている。それと相いれない傾向は抑圧されたか、取りあげられなかったか、ともかく、その人によって生きられることなく無意識界に存在しているはずである。それが影である。

「影」とは、いい換えれば「自分の意識では認めがたい自分で、たえず直接的、間接的に自分に迫ってくるすべてのことをいい……たとえば、自分の認めがたい性格や劣等なところ、両立しがたい思いなど」［東山 2002: 47-64］である。

非行臨床をしていて痛感するのは、親の影を肩代わりさせられている子どものケースが多いことである。いわば、親の影を生きている子どもたちである。たとえば、宗教家、教育者といわれる人で、他人から聖人、君子のように思われている人の子どもが、手のつけられない放蕩息子であったり、犯罪者であったりする場合がある。警察官の子どもが非行少年というのもこれにあたる。

こういった親は、自分のなかの否定的なものを切り捨てて生きている。正しい生き方が強調されている分、影も深い。子どもがその影を生きることによって、家族全体のバランスがとれている場合が少なくない。親がこういった人格者ではなくても、非行少年には多かれ少なかれ、親の影を生きる側面がつきまとうのである。

3. 家族療法――家族システムとその変容

我々は家族のしがらみを背負って生きている。その家族のシステムが変わらないかぎり、問題解決が生じないことは容易に理解できるだろう。家族療法とは、このように、その人の背景にある家族自体の問題とその解決を、積極的に考えていく立場である。

心理療法の領域に、家族の問題が大いに関係していると考えざるをえなくなった実情を考えてみたい。ある人が精神病院で入院治療を受けたとする。治療効果が上がって症状も非常によくなった。そこで、その人は退院する。ところが、また悪くなって入院してくる。入院するとよくなるのだが、退院するとまた悪くなってしまう……治療者はこう考える。「家に戻すと悪くなるというのは、家庭のシステム自体に問題があるのではないか」。これが家族療法の基本的な出発点なのである。

非行についても同じことがいえる。少年院に入る。その少年は反省も深まり、矯正教育の効果が端的に表れる。ところが、家に戻すと、また元の不良生活に戻ってしまうのである。なぜか。それはその少年をとりまく環境システムそのものに問題があり、それを積極的に変えていかないかぎり、問題は克服されないということである。

ある非行をくり返す少年の場合をみてみよう。この家庭では、母親が強くて支配的な役割をとっていた。母親は父親のことを「頼りにならない」「相談のしがいがない」などと責め、拒絶するようになった。そのために母親はますます家庭のなかで支配的にならざるをえなくなったのだが、その一方で母親は心理的にはますます不安定になっていった。

母親は、父親が「頼りにならない」ために、父親を拒絶して家庭外に排除していく。このことは、逆に母親の孤立を深め、内面的な支えを失うことにほかならない。

父親を侮蔑すればするほど母親は孤立し、内面的に不安定になっていくのである。したがって、母

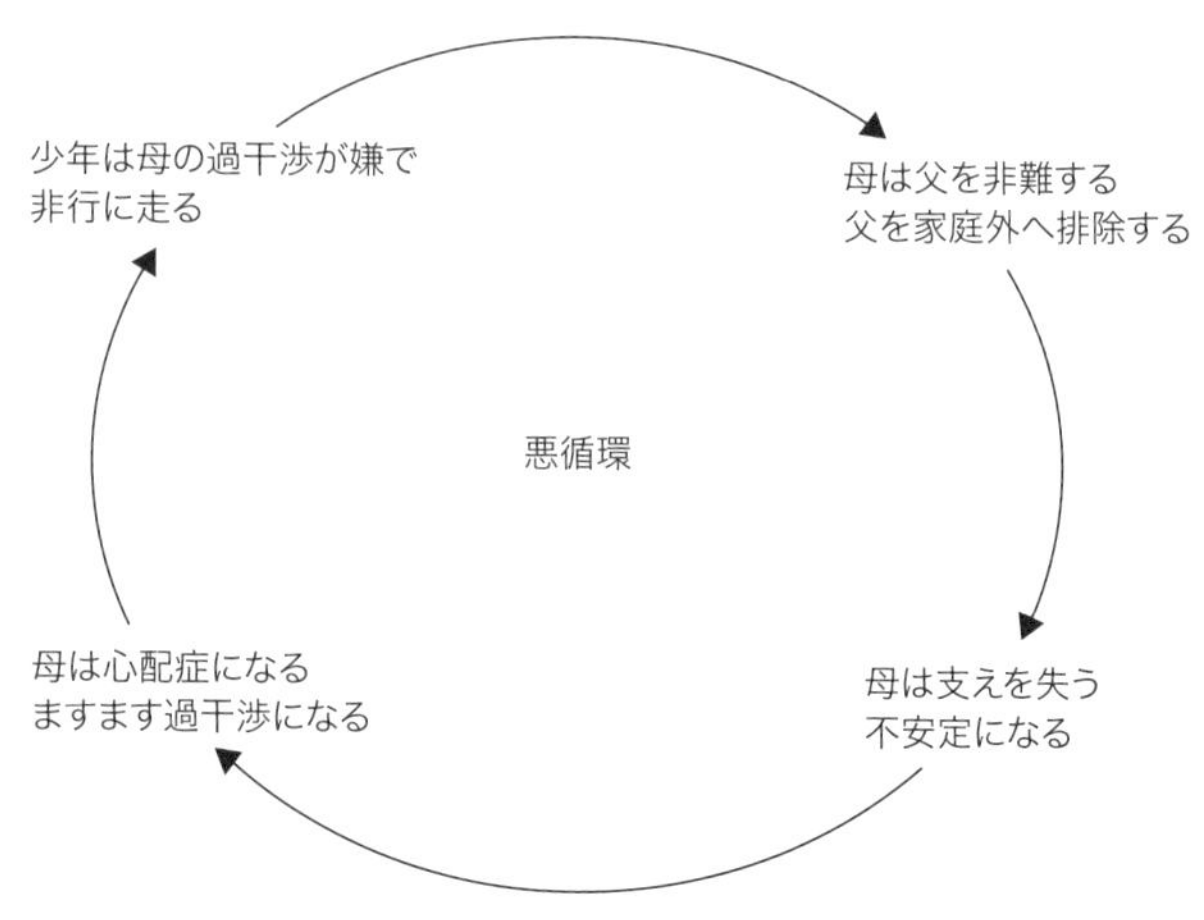
少年は母の過干渉が嫌で
非行に走る
母は父を非難する
父を家庭外へ排除する
悪循環
母は心配症になる
ますます過干渉になる
母は支えを失う
不安定になる
図２－１　非行をめぐる悪循環

親は一見強そうにみえるが、その内面は不安定そのものなのである。そのためにますます心配性になり、過干渉な態度を強めていったのである。

この家族の機能不全は、家庭からの父親の排除と母親の不安定化の悪循環として理解される。支配的な母親は父親を「頼りにならない」として侮蔑して家庭外へ排除する（父親の排除）。母親はいっそう支配的となるが、内面的な支えを失い、内面的な不安定さは増大する（母親の不安定さの増大）。母親は不安定さを補償しようとして、ますます子どもを支配下に取り込み過干渉に接する（母親による子どもの私物化）。子どもは母親の過干渉を拒否して非行に走る。母親は父親を「頼りにならない」として家庭外へ排除する。

このような悪循環の図式（図２－１）のなかで非行が表れることは、臨床のなかでひんぱんに認められる。

家族システムの変容

この事例では、父母の連携、つまり親サブシステムの連携強化（夫婦連合の形成）と少年の自己決定を尊重する家族の姿勢を強化することが目標になった。面接は家族参加のセッションとし、父親の参加と積極的な発言をうながすこととし、そのうえで、少年が自分自身のことに関しては、自分の意見を積極的に述べ、父母がそれを傾聴し、家族としての意思決定をするという家族のコミュニケーション・システムの形成に努めた。

4. 認知行動療法

認知行動療法の成り立ち

問題に対する歪んだ認知やもののとらえ方を修正し、問題改善のために適切な行動を学習させる心理療法である。問題行動に至るリスクを未然に回避できるようなライフスタイルの構築をめざす。認知行動療法は、うつ病の治療法として注目を浴びたが、近年では矯正や保護といった犯罪者処遇の現場でも、科学的根拠のある技法として積極的に導入されてきている［平井 2014: 281］。

基本に学習理論や認知心理学がある。学習理論の基礎は、パブロフ（I. Pavlov）やスキナー（B. F. Skinner）に負うところが大きい。パブロフは犬にエサを与えるさい、ベルを鳴らすことをくり返すと、ベルの音を聞いただけで唾液を分泌することを発見した。この実験などから古典的条件づけの理論が発展し、スキナーはレバーを押すとえさが出る箱（スキナー箱）を考案した。そこにネズミを入れておくと、ネズミは試行錯誤の後、レバーを押してエサをとりだし、それを食べるという行動を身につけることを発見した。これはオペラント条件づけと呼ばれるものである。このような行動の変容が生じることを学習と呼ぶが、これらの学習理論を基礎にして、行動療法が発展した。行動療法では神経症の症状や不適応行動を一種の学習されたものと考え、それらを消去しようとする。このような行動療法に認知の修正などの技法が組み合わされ、現在の認知行動療法が成立してきたと考えられる。

認知行動療法の基本的な考え方

人の行動は、外的刺激をどのように受けとるかによって変わってくる。すなわち、認知の仕方を変えれば、行動は変わる。身近な例でいえば、もしもある母親が食事の準備をしているとき、子どもに手伝いを頼んだとする。子どもはテレビに夢中であり、怒鳴り返されたとしよう。この母親は「テレビに夢中になって親に反抗するなんて許せない」と思い、さらに「こんな子はどんな大人になるか心配」「育て方を失敗した私は母親として失格だ」とまで考えたという。しかし、カウンセリングを通して、ほかの考え方ができないかどうかを検討してみると「子どもは楽しそうにテレビを見ていた。そんな子どもに頼み事をしても耳に入らなかったかもしれない」「そこで手伝ってくれなかったからといって、悪い子だと決めつけられない」「そんなときに叱りつけたら反抗的になるかもしれない」「食事の後かたづけは手伝ってくれるし、よいところもある」という考え方が出てきた。

このように認知の歪みを発見し、それを修正する。そして、心の問題は認知の仕方によって生じるという機序を理解させ、合理的な認知ができるように少しずつ練習していくのである。

犯罪や非行への応用

認知行動療法は、うつ病、パニック障害、犯罪被害者のＰＴＳＤの有効な治療法と考えられているのみならず、犯罪や非行を起こした者の改善にも役立つと考えられている。最近では、性犯罪者、暴力加害者などに対する再犯防止のために、刑務所や保護観察所などの場において、教育・指導プログラムとして利用されている。

たとえば、性犯罪を起こすプロセスは、①ストレスの生じる要因、②ストレス発散の方法＝性犯罪につながる行動、③性犯罪に踏み出す行動、④認知の歪み、⑤犯罪後の感情などについて、加害者とともに検討して行動や認知の歪みを明確にして、性犯罪につながらない考え方や行動を理解させる。そのうえで、自分が性犯罪につながる思考や行動を行おうとするときに、行動や認知の歪みに気づいて、より望ましい行動を練習によって増やしていくのである〔関根 2008: 55-58〕。

5．非行カウンセリング

非行臨床と受容

カウンセリングにおいては、傾聴や共感、受容といったことが大切であるといわれる。では、非行臨床の具体的場面では、どのように対応することになるのであろうか。ここで、筆者の考え方を紹介してみたい。まず、受容ということを取り上げ、具体的な事例をみながら検討していく。

事例　中学2年生男子「親父を殺してやりたい」

この少年は学校内で暴力的な言動をくり返している少年である。担任教師に威嚇的な態度をとり、親との関係も悪い。父親は激高しやすい性格で、少年に対して体罰で対応してきた。母親は小心でおろおろするばかりの人物である。

筆者が少年と面接したさい、この少年は「あの親父を殺してやりたい」と吐き捨てるように言った。

さて、この少年の「親父を殺してやりたい」という発言を受容するとは、どのようなことなのだろうか。常識的に考えても、父親殺しを勧めることが受容ではないことは明らかである。では、どのように考えればよいのだろうか。ここには非行カウンセリングの本質的な内容が関わっている。

受容に関して、伊東［1966: 162］は「選択的な、評価的な態度――『あなたはこういう点ではよいが、こういう点では悪い』というような――とは正反対のものである」と説明している。

我々は、受容とは評価を入れずに共感することだと考えている。評価を入れないとは、「よい・悪い」の判断を持ち込まないということである。ここが教師の対応と根本的に異なるところであろう。

「親父を殺す」。このことがよくないことは明らかである。だから、教師であれば、この少年が父親を殺さないようにアドバイスすることを考えるかもしれない。

しかし、筆者の考えるカウンセリングでは、このような展開はしない。「親父を殺す」ということが「よいこと」か「悪いことか」という「よい・悪い」の次元でとらえることを、まず一時的に棚上げするのである。「よい・悪い」の次元で考えることをいわば網棚のうえにのせ、この少年がどのような気持ちであるか、そのありのままの気持ちを共感していこうとする。これが我々の考える受容である。

では、具体的にどのような対応になるかというと、「そんなことを考えるくらい、君はお父さんが憎いんだね」「初めてそんなことを考えたのはいつ？」「そのときどんなことがあったの？」というように、「親父を殺したい」と述べるに至ったその背景の苦悩を理解していくのである。

この少年と面接を深めていくうちに、少年と父親との関係が明らかになってきた。父親は暴力的ではあるが、子煩悩なところもあったという。しかし、小学校高学年になったころから、少年野球を続けるかどうかで父親と決定的な対立となった。

少年は「父親は自分の言い分をまったく聞いてくれない。頭ごなしに続けろとばかり言った」「（小学校6年生のとき）友達を殴ったとき、理由があったのに、いっさい事情を聴いてくれなかった」そんな父親に「（自分を）もっとわかってほしい」「もっと優しくしてほしい」と語ったのである。

この少年の苦悩は、「父親にもっと自分を理解してほしい」「もっと愛してほしい」、でも「それがうまくいかない」という苦しみである。その苦しみの表現として「父親を殺してやりたい」と表現していることがわかる。

このように、「親父を殺してやりたい」などという少年にかぎって、言っていることとは裏腹に、じつは父親からもっと愛されたい、自分をもっとわかってほしいと思っている場合が少なくない。そして、それが成就しないことで苦しんでいるのである。

そのような少年に、父親を殺すことがいかに悪いことかを教え諭すことはいかがなものだろうか。また、「人の命は地球より重い」などという「教訓を話すこと」はいかがなものだろうか。

我々はきちんと少年の気持ちを受けとめて、その気持ちや考え方に共感していくことこそが大事だと考えるのである。

6. 家族療法の流れとブリーフセラピー

家族療法の発展は、ブリーフセラピーの発展にもつながっていった。ブリーフセラピーは短期療法とも呼ばれる。ここでは、我が国で現在人気のあるソリューション・フォーカスト・アプローチを取り上げてみたい。

ソリューション・フォーカスト・アプローチ

ソリューション・フォーカスト・アプローチは、アメリカのスティーヴ・ド・シェイザー（Steve de

Shazer）やその妻インスー・キム・バーグ（Insoo Kim Berg）らによって開発された技法である。

一般に人は、症状や問題を何とか治そうとする。つまり問題に注目するわけである。しかし、彼らは症状や問題に目を向けるのではなく、その解法のほうにこそ目を向けるべきだと主張するのである。

我々は日常のなかで問題解決を図っている。クライエントたちはさまざまな問題に悩まされていると訴える。いままでいろいろな努力をしたが、万策尽きたと訴える場合もしばしばである。これをどのように考えればよいのだろうか。

スティーヴ・ド・シェイザーたちは、クライエントたちは日常のなかで自ら問題解決を図っていると考える。そして、うまく解決した場合もある。しかしながら残念なことに、その問題解決は「例外」として省みられず、相も変わらず、同じような観点で問題にとらわれ、ああしよう、こうしようと、問題発生の悪循環の渦のなかに取り込まれていると考えるのである。

例外への注目

ソリューション・フォーカスト・アプローチでは、その「例外」に注目し、その例外を大きくしていくことを考える。つまり、問題行動や症状を形成する悪循環を解消することを考えるよりも、日常のなかで起こっている良好な「例外」を見いだし、それを大きくしていこうとするものなのである。

このアプローチでは、スケーリング・クエスチョンといわれる質問を効果的に使う。

スケーリング・クエスチョン

「いちばんひどい状態のときを1、最良の状態を10とすると、いまはどのくらいですか？」

すると、クライエントは「そうですね。3くらいかな」と答えたとする。


「そうすると、最悪の状態よりは2段階よいわけですね。どのあたりがよくなったのでしょうか」

「うーん、朝が多少、早く起きられるようになりましたね」

「ほかには」

「そうですね。昨日は、久しぶりに、犬の散歩をしました」

「気持ちがよかったですか」

「ええ、気持ちがよかったです」

「朝、犬の散歩をすると、気持ちがよいのですね」

「そうですね」

「では、これから1週間、朝、犬の散歩をしてみませんか」


こんなふうに、クライエントがすでに知らず知らずのうちに行っている解決、いわば例外を発見し、それを拡大していくのである。

コーピング・クエスチョン

このほかに、コーピング・クエスチョンというテクニックがある。

「（例外や良い変化が語られたとき）いったいどのようにして行ったのですか」
「どうやってこの大変な状況をなんとかやってきたのですか」

このような問いかけによって、解決法を浮き彫りにしていくのである。

ミラクル・クエスチョン

彼らの技法でしばしば取り上げられるのが、ミラクル・クエスチョンである。

「ここでちょっと変わった質問をしたいと思います。少し想像力がいるかもしれません。夜、寝ている間に奇跡が起きて問題が解決してしまうとします。翌朝、その奇跡が起きたことがどんなことでわかりますか」

このような技法を駆使しながら、例外を拡大したり、具体的な治療目標を設定したりするのである。

非行臨床への適用——コンサルテーションでの活用

このソリューション・フォーカスト・アプローチは、スクールカウンセラーが教師とコンサルテーションを行う場で大きな効果をもたらす。教師に今までにうまくいった「例外」を話してもらい、その「例外」に目を向けてもらって勇気づけるのである。そして、自分のやり方に自信を持ってもらうように、教師をとにかくサポートするのである。非行問題で課題を抱えている場合、教師は自信をなくしている場合がほとんどである。教師に自信を持ってもらい、やる気になってもらうことこそが大切なのである。

そのさい、コンプリメントを効果的に行う。コンプリメント（compliment）とは簡単にいうと「ほめること」である。教師のよいところを見つけてほめる。これが直接コンプリメントだとすれば、「教頭先生は先生（当該教師）のことを熱心な先生だと言っていましたよ」などというほめ方は、間接コンプリメントということになろう。直接コンプリメント、間接コンプリメントをうまく混ぜ合わせながら、ほめるのである。

家族療法はポジティブ・リフレーミング（教師がいままで悪いことと決めつけていたことを、よい意味に解釈して返す。たとえば「落ち着きのない子」を「活発な子」と考え直してみるなど）とコンプリメントを駆使するところに特徴がある。このような技法を駆使しながら、好循環を生み出していくのである。

7. ナラティヴ・セラピー――物語と語り、そして、ユニークな結末

家族療法とナラティヴ・セラピー

ナラティヴ・セラピーも家族療法の流れのなかで誕生してきたと考えることができる。ポストモダンの心理療法の考え方である。

ナラティヴ・セラピーの実際

これまでのカウンセラーの取り組みは、人の思考・感情・行動をあらかじめ存在する基準に照らして観察するものであって、カウンセラーの説明・助言・計画的介入は、この基準に沿った反応をもたらすために用いられる。カウンセラーはクライエントと同じ立場に立つのではなく、専門的知識をもち、クライエントを観察・査定・支援するものである。さらに、カウンセラーとクライエント、夫と妻といった相互作用に関わる者どうしは対等であると考えるが、現実的には勢力の差は大きい。

このような見方に対して、ポストモダニズムのナラティヴ・セラピーの視点では、カウンセラーはもはや、夫妻や家族が問題をどのように解決できるか、解決すべきかを知る専門家ではない。カウンセラーは、クライエントが自分の生活について語る物語を傾聴する人であって、いわば旅仲間である。

ドミナント・ストーリーとオールタナティヴ・ストーリー

我々は物語を生きている。ナラティヴ・セラピーでは物語が語られること、それを傾聴すること、語り合うこと、そして、物語が再構成されることが重要である。

その人にとって支配的な物語をドミナント・ストーリーと呼ぶ。

治療とは、自分の生きられた経験を十分に表現していないドミナント・ストーリーを、それまで認識していなかったオールタナティヴ・ストーリーと交代するように援助することである。カウンセラーとクライエントはともに、個人や夫妻や家族の生活経験にぴったり合った物語を構成する。

この治療論を可能にする背景には、人間は各自の物語に由来する意見を他者と交わすことにより、人生や人間関係に新しい意味づけをしていくのだという認識論があるといわれている。つまり「語り」の重要性である。

ナラティヴ・セラピーのめざすところは、とどのつまり、クライエントのストーリーの書き換えにあるといってもよいかもしれない。この認知変化が起こる過程は、リ・ストーリング（re-storying）という言葉で表現される。

リ・ストーリングは、セラピストも含めた参加者のさまざまな視点に注意を払いながら、歴史的ストーリーのなかの出来事をクライエントとセラピストが共同で取捨選択していく治療過程と考えることができる。文脈の変化を端から狙うというよりは、内容の地道な入れ替えに近い［小森ほか 1999］。

ドミナント・ストーリーは、いくつかの「生きられた経験」を無視することによって成り立っている。そして、このドミナント・ストーリーの外側に汲み残された「生きられた経験」こそが、「ユニークな結末」にほかならない。

つまり､その「ユニークな結末」は通常は無視されており､無視されることでドミナント・ストーリーを成り立たせている。したがって「ユニークな結末」に注意を向け、その存在に光を当てることができれば、ドミナント・ストーリーはもはやドミナントのままではいられなくなる。「ユニークな結末」は、ドミナント・ストーリーを破壊する突破口となるのである［野口 2002］。

このユニークな結末を見いだし、ストーリーの書き換えを行う方法として、ホワイトの外在化の技法を取り上げてみたい。

原因の内在化と外在化

ホワイトたちはいくつかのユニークなアイデアを提示したが、そうしたアイデアのなかで最初のキーワードとなるのが「外在化」である。

「こんなことになったのは、自分のせいだ」という説明モデルは、自分の内部に原因を求める考え方である。我々は物事の原因を自分の内部に原因を求めたり、外部に問題の原因を求めたりして生きている。

たとえば、非行少年に対して教師が「おまえは自分の性根を変えないとよくならない」などという場合がある。そして、本人もそう考えているとする。つまり、自分のなかに問題があるから非行をくり返すのだと。これは非行の原因を内在化させている考え方である。

これに対して、「俺が非行に走るのは、社会や環境が悪かったためだ」と考える少年もいるだろう。これは非行の原因を外在化させているといえる。

どちらも、更生させようとしてもなかなかうまくいかない。原因の内在化はけっきょくのところ、自分が悪いということになるので、自分が変わるしかない。しかし、そう簡単に自分は変わらない。また、この考え方はその人を苦しめる。なぜならば、自分で自分を変えるには、いままでの自分を否定し、自分を蔑んだり、憎んだりしなければならないからである。さらに、なかなか自分が変わることができないとき、自分が非常に情けなく思えてくる。劣等感を増大させ、自分の価値下げと非行という悪循環に拍車をかけてしまうことにもなりかねない。一方、原因を外在化した場合、社会や環境を変えるという方法になるが、やはりそう簡単に外部は変わらない。つまり、原因の内在化も外在化も、必ずしも問題の解決に導いてくれるわけではないのである。

しかし、ホワイトたちは、原因ではなく「問題そのもの」を外在化するという方法を思いつく。野口［2002］を参考にしながら、まずはホワイトの有名な事例「スニーキー・プー」（ずるがしこいウンチ）の概要を紹介したい。

事例　スニーキー・プー（ずるがしこいウンチ）

ニックは6歳の男子である。遺糞症と診断され、それまで何人ものセラピストが治療を試みたが、うまくいかなかった。問題が生じない日はほとんどなく、たいてい、下着にめいっぱいの便が残っていた。さらにニックはそれを壁にこすりつけたり、戸棚やタンスの引き出しにしまい込んだり、食卓のテーブルの裏に塗りたくって遊んだりした。

そこで、まずホワイトはここで起きている問題に「スニーキー・プー」（Sneaky Poo／ずるがしこいウンチ）というあだ名をつけて、この問題がニックや家族にどのような影響を与えているかを聴いてみた。そして、それを明らかにしていった。

ホワイトはさらに次のステップに進む。「問題の存続に彼ら自身の影響」を探るのである。ニックの問題によって、ニックと両親は振り回されてきた。しかし、その一方で、彼らが問題の存続を助長してきた面もあろう。それを明らかにするのである。そして、「問題の存続」に立ち向かった経験、「問題」を無視した経験、あるいはなぜか「問題」に振り回されずにすんだ経験、つまり「ユニークな結末」を浮かび上がらせていく。

・ニックは、プーの思いのままにならなかったことが何回かあることを思い出した。便をどこかにしまい込んだり、塗りつけたりすることに協力することもあったが、その回数は減っていた。

・母親は、プーのおかげで惨めな思いをしていたが、それに抵抗してステレオのスイッチを入れたことがあり、その音に身をまかせたとき、親として人としての能力に疑問をもたずにすんだという、いままでにない例外的な体験をした。

・父親はプーに抵抗した経験を思い出すことはできなかったが、プーの影響を拒もうという気持ちになり、いままで隠していたこの「惨めな秘密」を同僚に打ち明けるつもりだといった。

・プーが家族関係に及ぼす影響を明らかにするのは難しかったが、父親も母親もお互いの関係を放り出さずに努力を続けてきたこと、ニックも両親との間の愛情がすべてダメになったとは思っていないことが明らかになった。

以上のような「ユニークな結末」が明らかにされた後、ホワイトは次のような質問をした。「問題に対抗するため、いままでどんなふうに対処してきたのか?」「どんな個人的、関係的特徴が、対抗するのに役立ったか?」「このユニークな結末を知ったことで、将来どんな点が変わるだろうか?」といった質問である。

これらの質問に答えてニックは、「もうプーには二度とだまされないこと、友達にならないこと」を決心した。母親は「プーに惨めな思いをさせられるのを拒否すること」、父親は、「プーとのトラブルを同僚に語ること」を考えるようになった。

この2週間後、ホワイトは家族と再会した。その間、ニックはたった一度の小さな失敗をしでかしただけだった。ニックは、自分がいかにしてプーの罠から逃れたかを語り、人生は二度と奴の手には落ちないこと、自分が輝きだしていることを信じていた。

このようにして、この「外在化」の方法は成功に終わったのである。

参考文献

伊東博（1966）『新訂　カウンセリング』誠信書房
小森康永、野口裕二、野村直樹（1999）『ナラティヴ・セラピーの世界』日本評論社
関根剛（2008）「学習理論と認知行動療法」、村尾泰弘編著『Q＆A少年非行を知るための基礎知識』明石書店
野口祐二（2002）『物語としてのケア』医学書院
東山紘久（2002）『プロカウンセラーの夢分析』創元社
平井秀幸（2014）「認知行動療法」、岡邊健編著『犯罪・非行の社会学』有斐閣

第３章
少年非行を理解するための社会学理論

この章では、非行や犯罪を主として社会学的な立場からとらえる学説を紹介する。公認心理師の受験問題に、社会的絆理論に関する問題が出題された経緯もあり、心理学の実践者や心理学の学生たちにも、ぜひ理解してほしい。著名な理論であるが、臨床に応用しやすいものばかりである。

「緊張理論」は逸脱行動の原因を緊張に求める立場である。緊張の定義は研究者によって異なるが、緊張を社会構造に求める者もいれば、個人のストレスと同様に扱う者もいる。前者の代表はマートン（R. T. Merton）であり、後者の代表はアグニュー（R. Agnew）である。ここでは、マートンの理論を中心に説明することにする。

「文化的逸脱理論」は、シカゴ学派の理論の代表であろう。犯罪の原因を社会構造の側面から理解しようとする立場でもある。個人が一般社会とは異なる価値観や規範を内包するコミュニティや集団に所属すれば、犯罪に関与する可能性が高まると考えるのである。バージェス（E. W. Burgess）の同心円理論やバージェスの流れを汲んだスラッシャー（F. M. Thrasher）の（シカゴ・ギャングを対象にした）フィールド研究が有名だが、ここでは、臨床に役に立つと思われるサザーランド（E. H. Sutherland）の心理過程に焦点を当てた下位文化理論を取り上げる。

「ラベリング理論」は犯罪の原因を、「人が犯罪者になるのは、周囲から『犯罪者』『逸脱者』というラベルを貼られるからである」と考える立場である。説得力のある理論でもあり、広範な議論が展開されている。

「統制理論」は、人は生来、逸脱に走る傾向があり、もしも何らかの統制しないならば、犯罪をするであろうという性悪説の立場から考える学説でもある。人が犯罪に走ることを押しとどめている社会とのつながり、同調のメカニズムを解明することに焦点が当てられている。

最後に、「ゼロトレランスと割れ窓理論」をまとめておいた。ゼロトレランスはとりわけ学校教育の現場で用いられることが多い用語である。割れ窓理論は社会学の学説である。現在の学校現場では、このゼロトレランスの考え方と割れ窓理論を混同しているという批判もあるようだ。ここではゼロトレランスと割れ窓理論の本来的な内容を伝えるように努めた。

これらの諸学説のなかには難解なものもあるが、わかりやすく説明することに力を注いだ。ぜひ、くり返しお読みいただきたい。

1．緊張理論

緊張理論とは、逸脱行動の原因を緊張（strain）に求める犯罪学理論の総称である。欲求不満や葛藤の表れとして、非行や犯罪を理解しようとする立場である。これは、人は社会の規則に同調しようとする性向があるという性善説を前提にしているともいえる（これと対照的な立場にある69ページの統制理論についても参照されたい）。

マートンの緊張理論

マートンはデュルケーム（E. Durkheim）のアノミー概念（社会規範の崩壊状態）を「文化構造（社会の構成員が共通の行動をとるようにする組織化された規範的な価値の集合）の崩壊」ととらえ、その文化的目標を社会的に認められた手段で達成できないとき、すなわち、目標と手段が統合されないとき、アノミーへと向かわせる緊張が生じるととらえた。この緊張から逸脱行動が生起する。たとえば、金銭的成功をよしとする文化が存在する米国において、合法的手段で目的達成ができない場合、一部の人は非合法的な手段によってこの成功を獲得しようとする。これが逸脱行動となる。

コーエンの非行下位文化論

コーエン（A. K. Cohen）はマートンの緊張概念を受け継ぎつつ、なぜ逸脱行動が都市部の下層階層の男子に多いのかを、非行下位文化（サブカルチャー）の概念をもとに説明した。コーエンは、米国社会では、子どもたちは、中流階層の価値観によって評価されており、下流階層で育った少年は、中流の価値観が支配する制度下では、中流階層の文化的目標を達成する合法的な手段に恵まれていない。そのため、望ましい地位が得られず自己評価が低いため、その反動として非行下位文化を形成し、非行下位文化のなかで、自分たちの価値体系や行動基準をつくり上げていく。この理論は、非行下位文化論と呼ばれる。

コーエンは、ほとんどの非行が集団（ギャング集団）において生じていることを見いだした。

コーエンは、ギャング集団に関係する少年のほとんどが、必要のないものを盗んだり、蛮行を振るったり、悪意で物を壊したり、ギャングどうしの抗争のさい襲撃に参加したりしており、「非功利的で悪意的かつ否定主義的であること」を見いだした。このことは、「ギャング集団に関係する少年らは、仲間うちでの地位の向上や承認という目標を見いだしている」と説明される。

学校では、中流階級に有利な価値に支配されている。下層階層の少年らは、もともと親の職業的地位が低いうえに、学校などで支配的な価値のもとでは不利で低い地位しか与えられず、このような環境では自己の地位と価値を見いだしえない。そのため、彼らは、それ以外の価値を見いだすために集団化する。非行ギャングはそのような集団である。そのため、このギャングは本来、学校で支配的である中流的価値に反抗的である。したがって、コーエンは、このような集団に属する者は「否定主義的」性格を帯びるというのである。

ミラー（W. B. Miller）は、下層階層の文化は、コーエンのいうように中流階層に対する反動形成ではなく、そもそも下層階層文化そのものに非行を生み出す文化がある要素があるとする。そして、この独自の文化を支えるため、非行の集団化が必然的となるとする。

コーエンやミラーの理論は、下層階層の少年が社会的地位や経済的上昇を求めるか否かという点でまとめることができる。社会的地位への志向をもった少年については、コーエンの理論で説明可能であり、社会的地位への志向はないが、経済的上昇への志向をもった少年（非合法手段で収入を得る窃盗型、それが叶わないときにその不満を暴力で発散する型）については、ミラーの理論で説明できる。

2. 文化的逸脱理論

20世紀に入り、犯罪の原因を社会構造の側面から理解しようとするシカゴ学派が台頭した。社会的逸脱理論は、このような立場に属する。

社会的逸脱理論は、一般社会とは異なる規範や価値観をもつ人たちの行動が一般社会の規範と抵触するものとなり、そこに犯罪が生じると考える。そして、いつ、どのような場所でそういった逸脱文化が派生したかを論じる立場である。この文化的逸脱理論には、逸脱文化との接触が個人をどのように反社会的にするか、その心理社会的機序を論じた下位文化理論が含まれると考えてよいだろう。

ここでは心理過程に焦点を当てた下位文化理論である、サザーランド（E. H. Sutherland）の文化的接触理論をくわしくみていきたい。

サザーランドの理論では、犯罪行動の実際の原因は観念である。この理論は犯罪・非行文化に人が接触したとしても、ある接触は重要であり、ほかの接触は重要でないことの説明に有効である。サザーランドは、「人間は違法行為が好ましい」という認識が「違法行為が好ましくない」という認識に勝ったときに違法行為を行うと考える。この理論は「人間が物に対して行動するのは、その物が人間に対してもっている意味に対してである」という、ミード（G. H. Mead）のシンボリック相互作用論の影響を受けた二つの基本的な考えから成り立っている。

郵便はがき

料金受取人払郵便

神田局
承認

7451

差出有効期間
2021年7月
31日まで

切手を貼らずに
お出し下さい。

101-8796

537

【受 取 人】
東京都千代田区外神田6-9-5
株式会社 **明石書店** 読者通信係 行

お買い上げ、ありがとうございました。
今後の出版物の参考といたしたく、ご記入、ご投函いただければ幸いに存じます。

ふりがな お名前	年齢	性別

ご住所 〒 -

TEL ( ) FAX ( )

メールアドレス	ご職業（または学校名）

＊図書目録のご希望 □ある □ない	＊ジャンル別などのご案内（不定期）のご希望 □ある：ジャンル（ ） □ない

書籍のタイトル

◆本書を何でお知りになりましたか？

□新聞・雑誌の広告…掲載紙誌名[ ]

□書評・紹介記事……掲載紙誌名[ ]

□店頭で　□知人のすすめ　□弊社からの案内　□弊社ホームページ

□ネット書店 [ ]　□その他[ ]

◆本書についてのご意見・ご感想

■定　価　□安い（満足）　□ほどほど　□高い（不満）

■カバーデザイン　□良い　□ふつう　□悪い・ふさわしくない

■内　容　□良い　□ふつう　□期待はずれ

■その他お気づきの点、ご質問、ご感想など、ご自由にお書き下さい。

◆本書をお買い上げの書店

[市・区・町・村 書店 店]

◆今後どのような書籍をお望みですか？

今関心をお持ちのテーマ・人・ジャンル、また翻訳希望の本など、何でもお書き下さい。

◆ご購読紙　(1)朝日　(2)読売　(3)毎日　(4)日経　(5)その他[新聞]

◆定期ご購読の雑誌 [ ]

ご協力ありがとうございました。

ご意見などを弊社ホームページなどでご紹介させていただくことがあります。　□諾　□否

◆ご 注 文 書◆　このハガキで弊社刊行物をご注文いただけます。

□ご指定の書店でお受取り……下欄に書店名と所在地域、わかれば電話番号をご記入下さい。

□代金引換郵便にてお受取り…送料+手数料として300円かかります(表記ご住所宛のみ)。

書名	冊
書名	冊

ご指定の書店・支店名	書店の所在地域 都・道 府・県　市・区 町・村
	書店の電話番号 (　　)

第一の要素は、社会的地位、失業（有職）、人種差別、いじめなどのことがらの影響は、それを受け取る人の意味づけによってことなるという考えである。たとえば、「二人のきょうだいが劣悪な環境下で生育しても、一人は司祭となり、一人はギャングとなるかもしれない」が、人が法を破るか否かを決定する要因は、彼らを取り巻く心理的社会的状況そのものにかかっていると説明できる。

第二の要素は、犯罪行動は家庭や友人グループなど、親しい私的集団のなかで行われるコミュニケーションの過程で学習されるというものである。殺人であれ万引きであれ、薬物犯罪であれ、売春であれ、彼らをとりまく親しい人々が、それらの犯罪をどう意味づけているかによる。たとえば、売春が重要な生計の手段となっている家庭のなかで育った少女は、売春に抵抗が少なく、売春しやすいであろう。

サザーランドは、それぞれの社会集団は（多様な共同体が組織されている文化的社会組織という条件のもとでは）、ある集団は犯罪の行動パターンを承認支持し、ある集団は中立的であり、ある集団は反対であるという。たとえば、麻薬密売組織は麻薬密売に肯定的であるだろうし、教師らは否定的であろうし、素行に問題のある学生らは中立的かもしれない。サザーランドは、「（個人的でない）システマティックな犯罪行動は、直接的には文化葛藤の存在する社会での文化的接触によるし、最終的には社会解体による」と述べている。社会解体論という立場が存在するが、社会解体とは、クーリー（C. H. Cooley）によると、個人のもつ「我々意識」（we-consciousness）の希薄化、利己主義化と組織の我々意識の喪失化と形骸化により、個人の意識・態度と社会組織・制度に不調和が生じ、その結果、社会の秩序と規律が崩壊する。この状態をクーリーは社会解体と呼んだ。

サザーランドの理論のポイントは、以下の九つである。

① 犯罪行動は学習される。

② ①は人々のコミュニケーション過程で生じる。

③ ①はおもに親密な私的集団のなかで生じる。

④ ①の技術は、複雑なことも単純なこともあり、動機、衝動、合理化、態度の方向づけが含まれる。

⑤ ④の動機や態度の方向づけは、法律を好ましいとみるか否かにより異なる。

⑥ 違法行為を好ましいとの定義が、違法行為が好ましくないとの定義を上回ったとき、非行が行われる。

⑦ 文化的接触は、態度、期間、優先性、強度により変化し、犯罪行為との接触もこれらに応じて変化する。

⑧ 犯罪パターンなどとの接触による犯罪行動学習の過程は、ほかのあらゆる学習に含まれるメカニズムのすべてを含む。

⑨ 犯罪行動は一般的欲求や価値観の表現ではあるが、非犯罪行為も同様の欲求や価値観の表現であるので、それらによってのみ説明されるものではない。

3. ラベリング理論

ラベリング理論は、ベッカー（H. S. Becker）が提唱したものがもっとも有名である。この理論では、犯罪の原因を「人が犯罪者になるのは、周囲から『犯罪者』『逸脱者』というラベルを貼られるからである」と考える。これを刻印づけ（stigmatization）とも呼ぶ。逸脱者のラベルを貼られた人には、何をするにもその刻印がついてまわる。そのために、きちんとした仕事に就こうにも職を得られなかったり、学業に専念しようとしてもその場が与えられなかったり、さまざまな苦境に立たされやすく、合法的な生活を送ることが難しくなってしまう。自らの意思とは関係なく、周囲が貼ったラベルが、その個人を本物の犯罪者にしてしまうという考え方である。つまり、社会での犯罪者としてのラベル貼りが、会社や学校などの所属集団からの排除をもたらし、また、身近な他者の拒否などは一般に犯罪を拡大する要因となると考える立場である。

ラベリング理論では、他者の反作用を媒介とした「予言の自己成就」過程を通じて逸脱がエスカレートすることを強調し、他者の反作用を原因論に取り込んでいる点に特徴がある。予言の自己成就とは、根拠のない予言や嘘、思い込みであっても、人々がそれらを信じて行動すると、結果として予言どおりの現実がつくられるという現象のことである。わかりやすい例をあげると、ある銀行が危ないという噂を聞いて、人々が預金を下ろすと、本当に銀行がつぶれてしまうことになるだろう。

ひとたび非行や犯罪を犯した人に対して、周囲の他者は、その人がまた逸脱するのではないかとの不安や恐れをもち、その人を排除しようとする。そのため、排除された人はまっとうな生活を送る機会を奪われ、再び逸脱行動をする。他者はそれを知り、自らの予想の正しさを確信し、さらに排除の姿勢を強める。その結果、逸脱者はますます逸脱者として生きていくしかないと考え、そのような自己像を強めてしまうという悪循環をもたらすというのである。

また、何が犯罪であるかは一見自明のように思えるが、じつはそのように簡単なものではない。この理論では、その国家もしくは地方自治体（州など）の権力を代表する刑事司法システムがある行動を「逸脱」と定義し、その行動をした者に「逸脱者」というラベル貼りするという行為であるという。社会がこれを犯せば「逸脱」という規定を設け、それを特定の人々に適用し、彼らに「逸脱者」とラベルを貼ることによって「逸脱」を生み出しているという。ベッカーは、このことをマリファナ使用者などを例にあげて理論展開している。

このように、この理論は、非行・犯罪を考えるさいに、逸脱を規定する過程とそれが裁定される者（犯罪者）に与える影響性を重視していることに大きな特徴がある。「裁定」されてはじめて「逸脱」が生じるという考えは、「犯罪とは何か」を考えるうえで重要な示唆を与えるものである。

ベッカーらラベリング理論提唱者の主張は、政策的に公的機関は非行犯罪者にできるかぎり干渉しないで放任すべきであるという主張に結びついた時期もあった。現代ではブレイスウェイト（J. Braithwaite）が烙印づけの悪影響、すなわち「予言の自己成就」により逸脱がエスカレートすることを避けるために、逸脱を自ら恥と感じさせ、その人を再び社会に受け入れ、「再統合」するコントロールが重要であると主張している。この考えは、現代の修復的司法にも影響を与えている（第６章の４．修復的司法、１９２ページも参照されたい）。

４．統制理論

人はなぜ、逸脱行為をするのだろうかという問いに対して、緊張理論では、人は社会の規則に従おうとする性向があるという、いわば性善説を前提にして、欲求不満や葛藤の表れとして、非行や犯罪を理解しようとする。

一方、統制理論では、人はなぜ逸脱行為をしないのだろうかという問いに対して、人は生来、逸脱に走る傾向があって、もしも何ら拘束しないなら犯罪をするであろうという性悪説の立場から、人が犯罪に走ることを押しとどめている社会とのつながり、同調のメカニズムを解明することに焦点が当てられている。

この統制理論は、他の犯罪理論とは異なり、人間を犯罪に駆り立てる心理的動機や犯罪の学習を前提とせず、犯罪を抑制する環境要因に力点をおくものである。

現代の統制理論の源流をたどると、フランスの社会学者デュルケームに行き着く。デュルケームは、人間の限りない欲望に動機づけられた行動に対する社会的規制の崩壊について、犯罪行動の背景にはそれを動機づける人間の無限の欲望がいつの時代にもどこにでも同様に存在するが、犯罪の量はこれを抑止する力（社会的抑止力）によると述べている。

近代では、ハーシ（T. Hirshi）がこの理論を代表している。ハーシは、個人と順法的社会との間には、これを結ぶ絆（bond、紐帯）があり、これが弱体化した時に非行化すると考える。

この絆とは、①他者への愛着（attachment）、②コミットメント（commitment）、③関与（involvement）、④信念（belief）、の4種類からなる。

①愛着とは、家族や友人などの他人に対する情緒的なつながりをさす。社会的絆のなかでもっとも重要なものとされる。愛着の対象となる人のもつ価値や考え方を、当人が受け入れることは容易である。②コミットメントとは、社会に承認されている目標達成のために個人が投資した量を意味する。犯罪を行えば順法的社会から得ていた地位や信頼を失うので、犯罪をしないことになる。このような犯罪を行うことによる損得計算と考えてよい。③は規範の正当性を疑わず習慣的活動に自己を巻き込ませている程度をさし、具体的には順法社会に適応している期間や程度のことである。順法的に生活する期間が長ければ、それだけ犯罪にかかわる時間や機会が少なくなる。④は、自分が所属する社会や集団の規範に対して疑問をもたない態度や信頼感をさす。社会的な規則、法律の正しさを信じ尊敬することである。これらの四つの絆が希薄な少年は非行化しやすいとされる。

ハーシの理論は検証可能性が高く、軽微な非行についてはその妥当性が実証されている。しかし、この理論は、社会的絆が合法的であることを前提としており、そうでない場合、たとえば非行集団に愛着を持てば逆に犯罪を生む場合があること等の説明にはなじまない。このような問題については、多くの追加的研究がある。

なお、統制理論的な見方には多くの考え方があるが、たとえばナイ（F. I. Nye）は、自らの実証研究をふまえ、青年にとって最重要な社会統制の源は家庭であると論じている。そして、親が社会の価値を受け入れるように子どもを社会化することの意義を指摘している。

5. ゼロトレランスと割れ窓理論

ゼロトレランスとは寛容ゼロという意味であり、アメリカ心理学会による定義によれば、「あらかじめ決められた罰……を、結果の軽重、情状酌量の余地、または、行為の文脈にかかわらず適用することを求める思想または政策」のことである［横湯ほか 2017］。一般的には、情状などを考慮せず、決められたルールに従って、罰を適用していくという考え方に基礎をおいている。

割れ窓理論は割れた窓ガラスという隠喩を用いて、無秩序と犯罪の関連性を表現した理論である。軽微な犯罪も徹底的に取り締まることによって、凶悪犯罪を含めた犯罪を取り締まることができるという環境犯罪学上の理論ともいえる。ジョージ・ケリング（George L. Kelling）とジェイムズ・ウィルソン（James Q. Wilson）が、『アトランティック・マンスリー』誌上に割れ窓理論を発表してから、この言葉が定着した。例として、1台の自動車を治安のよい地域に放置したところ、何週間も手つかずのままであった。ところが調査員が最初に窓を壊したとたんに、ほんの数時間でその車は完全に破壊されてしまったという。つまり、治安のよい地域であったとしても、いったん窓が壊されるとそれは地域社会のバリアが崩壊し始めることのきっかけとなったというわけである。

この理論を適用した実践例として、ニューヨーク市では、落書き、未成年者の喫煙、無賃乗車、万引き、花火、爆竹、騒音、違法駐車など軽犯罪の徹底的な取り締まりなどを行った結果、治安が回復したとされている。

ゼロトレランスは教育指導に導入され、注目された。『割れ窓理論による犯罪防止』の日本語訳が出版されたのが2004年。そして、2006年には文部科学省初等中等教育局児童生徒局課長名で「児童生徒の規範意識の醸成に向けた生徒指導の充実について」が通知されている。これが「体系的で一貫した指導基準にもとづき『してはいけないことはしてはいけない』と毅然した指導を行うように」という、ゼロトレランスによる生徒指導を促進したといわれている。

日本の教育界では、ゼロトレランスを生徒指導に導入する試みが行われ、ルールと指導の徹底化が主導され、段階処遇と結びついて行われているという。一定の成果を評価する声もあるが、批判的な意見も多く、とくにゼロトレランスと割れ窓理論を混同しているという批判が指摘される。

参考文献

Becker, H. S.（1963）*Outsiders: Studies in the Sociology of Devience*, Free Press Glencoe［H・S・ベッカー／村上直之訳（1993）

『アウトサイダーズ――ラベリング理論とは何か』新泉社］
Cohen, A. K.（1966）*Deviance Control*, Prentice-Hall［A・K・コーエン／宮沢洋子訳（1968）『逸脱と統制』至誠堂］
Hirshi, T.（1969）*Courses of Delinquency*, University of California Press［T・ハーシ／森田洋二、清水新二監訳（1995）『非行の原因――家庭・学校・社会へのつながりを求めて』文化書房博文社］
Kelling, J. L. & Coles, C. M. (1996) *Fixing Broken Windows: Restoring Order and Reducing Crime in Our Commur ities*, The Free Press, a division of Simon & Shuster, Inc.［J・L・ケリング、C・M・コールズ／小宮信夫監訳（2004）『割れ窓理論による犯罪防止――コミュニティの安全をどう確保するか』文化書房博文社］
Sutherland, E.H. & Cressey, D.R. (1978) *Criminology: Part two*, Tenth Edition, J. B. Lippincott Company［E・H・サザランド、D・R・クレッシー／平野龍一監訳、高沢幸子訳（1984）『アメリカの刑事司法――犯罪学Ⅱ』有信堂高文社］
Volt, G.B. & Bernald, T. J.（1985）*Theoretical Criminology*, Third Edition, Oxford University Press［G・B・ヴォルド、T・J・バーナード／平野龍一、岩井弘融監訳（1990）『犯罪学――理論的考察』東京大学出版会］
加藤十八（2009）『ゼロトレランスからノーイクスキューズへ』学事出版
田屋薫（2008）「非行理解のための社会学」村尾泰弘編著『Q&A少年非行を知るための基礎知識』明石書店
徳岡秀雄（1987）『社会病理の分析視角――ラベリング論・再考』東京大学出版会
日本犯罪心理学会編（2016）『犯罪心理学事典』丸善出版
宝月誠（2004）『逸脱とコントロールの社会学――社会病理学を超えて』有斐閣
横湯園子、世取山洋介、鈴木大裕（2017）『「ゼロトレランス」で学校はどうなる』花伝社

第 4 章
少年非行の具体的な対応・Q&A

現代非行の特徴について教えてください。

現代の非行を特徴づけるものとして「いきなり型非行」「ネット型非行」「特殊詐欺」を取り上げてみたいと思います。

マスコミではしばしば少年の起こした凶悪犯罪がよく取り上げられます。しかし、実際には凶悪事件が増加しているわけではないのです。では何が問題かと言いますと、補導歴などがとくにない、いわば「一見普通に見える少年」が「いきなり」凶悪なことをするから問題なのです。このような非行を「いきなり型非行」と呼んでいます。従前の凶悪な少年犯罪は、一定の道筋がありました。万引きなどに始まり、最終的に凶悪な犯罪を犯すという一定の流れがあったのです。ところが、現代の凶悪非行は、とくに補導歴のないような、一見普通の少年が、いきなり凶悪なことをするから問題なのです。「いきなり型」といわれるゆえんです。

次に「ネット型非行」です。2000年代に入って、パソコン、携帯電話などのＩＴ機器が急速に普及し、インターネットやスマホを用いての非行が急激に取りざたされるようになりました。ネット集団自殺や出会い系サイトに関連した非行、またＬＩＮＥなどを用いた陰湿ないじめや非行が多発しています。書き込みは誰でもでき、また書き込んだ側の情報も残りません。ネット型いじめの最大の特徴はその匿名性です。いじめる子が社会的制裁を受けたり、相手からの仕返しを恐れることなく、いじめを行うことができます。このような非行はしばしば「ネット型非行」と呼ばれます。かつての「いじめ」は学校から帰宅すれば、いじめから解放されたのですが、このようなＩＴ機器を用いたいじめでは、昼夜を問わずいじめの被害にあうのです。これが過去のいじめとは異なるところです。

特殊詐欺は、しばしば「オレオレ詐欺」などと呼ばれ、高齢者などに、その子どもなどをかたり、相手をだまして金をとる、あるいは、「あなたの息子（孫）が会社の金を使い込んだ。金がいる」などとかたって金を奪い取るものです。背景に、やくざなどの犯罪組織が関与することも多く、少年は「受け子」（金を受け取りに行く役）などとして使われます。役割が分化しており、組織との関連性は少年たちには話されず、いわれるままに役割をこなすことが多いようです。そのため、罪悪感が希薄なことが特徴になります。人脈をもつ「紹介役」といわれる少年が、犯罪性のある人から頼まれて「受け子」を紹介したりすることがありますが、「紹介役」の少年も組織の全貌を知らないことがほとんどのようです。「受け子」と呼ばれる少年は、約束していた報酬をもらえなかったり、やりたくないのに、強引に巻き込まれたりする例も少なくないようです。

ＩＴ機器を用いた「ネット型非行」や電話を用いた「特殊詐欺」に象徴されるように、通信機器を用いて行われる非行・犯罪が現代を特徴づけていると考えることができます。その背景には、人間的なかかわりやコミュニケーションの不全が存在するのではないかとも考えられます。

Q2 非行形態の移り変わりについて教えてください。

第二次世界大戦の後の少年非行の流れをみると、四つの波があると一般的にいわれています。第1の波は、昭和26年ころを頂点とする波です。第2次世界大戦終戦の後の、いわば社会の混乱と貧困のなかでの少年非行ということになります。古典的非行と呼ばれる非行が多く、戦争による貧困や親の死亡などのなかで生じる少年非行です。窃盗などの財産犯が多く、いわば、生きるための非行・犯罪という要素を含んでいます。

第2の波は昭和45年ころを頂点とする波、経済の高度成長に向かう社会のなかで生じた少年非行であり、遊ぶ金欲しさの非行という、第1の波とは違った様相を呈するようになります。また昭和40年代は、学生運動が規制の権力に反発する行動をみせた時代でもありました。

第3の波は昭和57年ころを頂点とする波、いわゆるバブル経済へ向かう時代に相当します。スリルを求める万引きや原付バイクの無免許運転など、中学生など比較的年齢が低い層の少年が多く、「遊び型非行」と呼ばれる非行が多発しました。また、昭和58年ころをピークとして、中学校で校内暴力が多発した時期でもあります。

① 刑法犯、危険運転致死傷、過失運転致死傷など（昭和21年～平成29年）

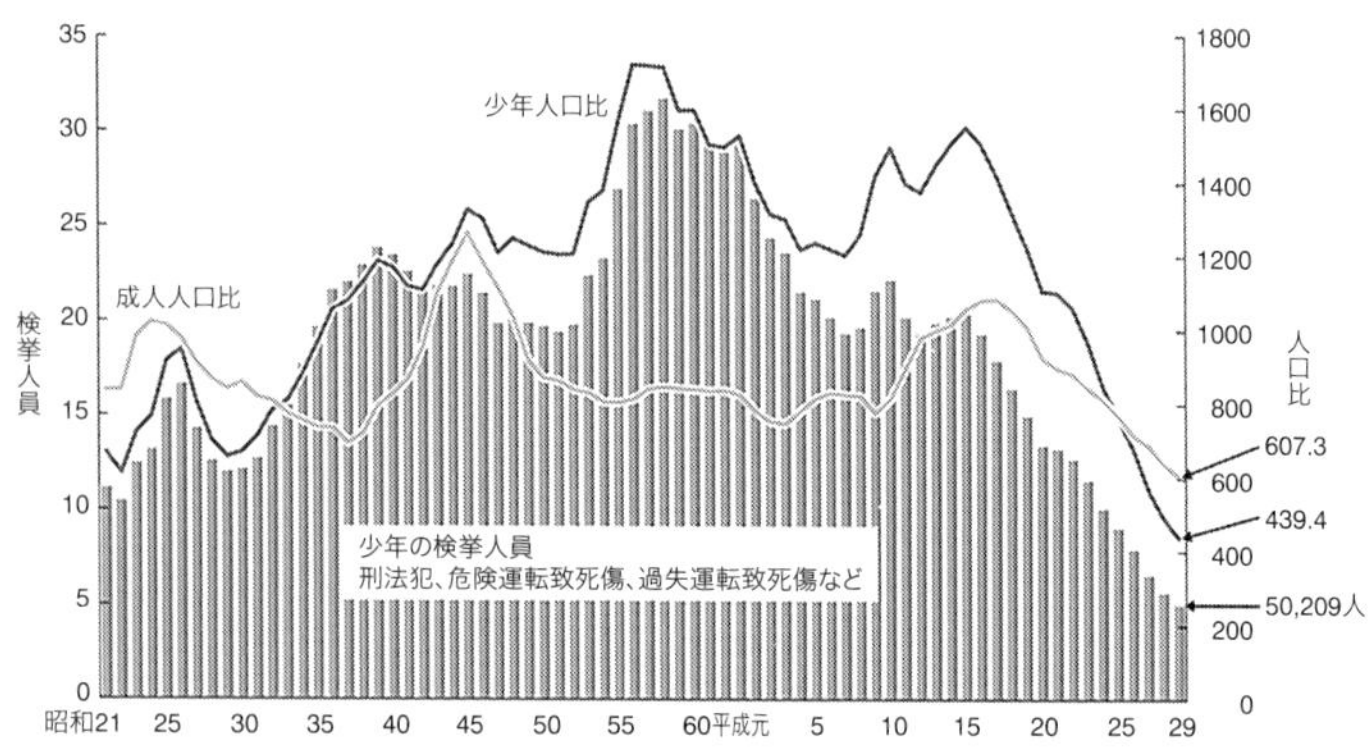

② 刑法犯（昭和41年～平成29年）

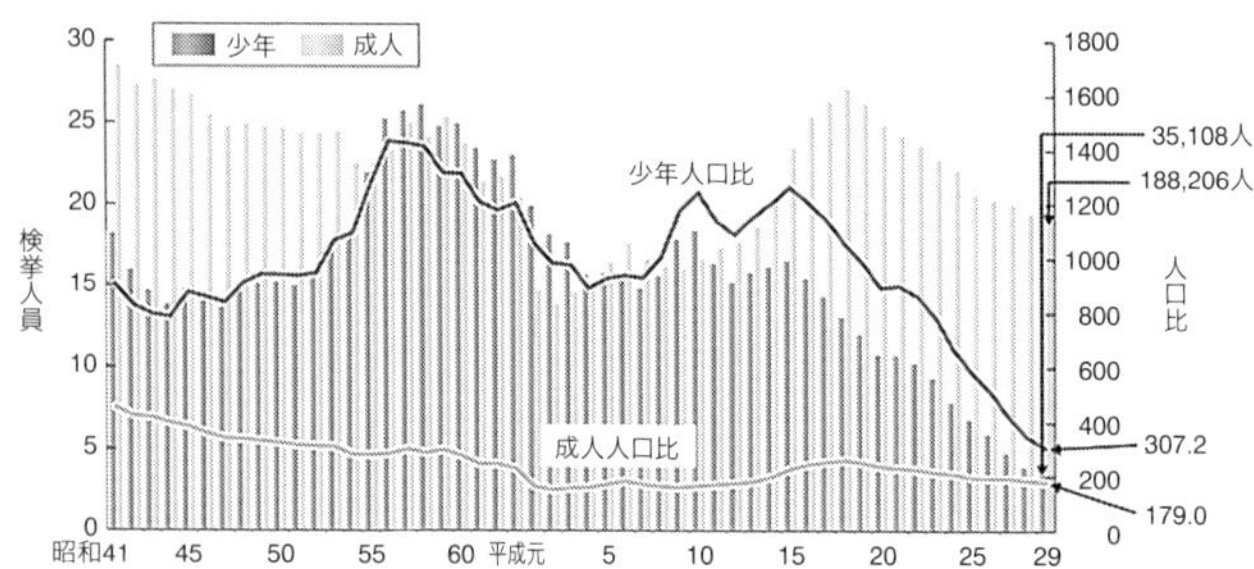

図４－１　少年の検挙数
（出典　犯罪白書 30 年度版）

そして、第４の波は平成15年ころを頂点とする波です。バブル経済がはじけ、経済的な転換が起こった時期に相当します。小学校では学級崩壊が問題となり、平成９年には、14歳の少年による神戸児童殺傷事件、平成12年には西鉄高速バスジャック事件など、17歳前後の少年による社会を震撼させるような事件が取りざたされた時代でもありました。

このように、少年非行は時代とともに変化します。非行を分析すると、そこには社会の側面がみえてくるといえましょう。現代の非行についてはＱ１を参照ください。

Q3 犯罪少年・触法少年・ぐ犯少年とは何ですか？

犯罪少年とは、14歳以上20歳未満で犯罪を犯した少年のことをいいます。触法少年とぐ犯少年については聞きなれない用語かもしれません。

触法少年とは14歳未満で、「刑罰法令に触れる行為」をした少年です。14歳未満の少年が刑罰法令に触れる行為をしても、犯罪少年と呼ばないのは、刑法41条により14歳未満の少年は罰せられないため、犯罪とはならないからです。たとえば、幼児がとなりの家から物をとってきても犯罪に当たらないことは、察しがつくと思います。また、小学校低学年の子どもが物をとってきても窃盗罪が成立しないことも、理解できるかと思います。このように考えていくと、何歳から、犯罪が成立するかという問題に突き当たります。この年齢が14歳からなのです。たとえば、同じ窃盗に当たることを14歳以上の少年が行えば犯罪少年となりますが、まったく同じことを14歳未満の少年が行うと触法少年となるのです。ようするに年齢の問題なのです。

これは複雑な問題を引き起こします。中学2年生は13歳の少年と14歳の少年が混在しています。同じクラス仲間でいっしょに万引きをして、警察に捕まったとします。すると、犯罪少年（14歳）と触法少年（13歳）で警察の対応が違ってくるのです。14歳の少年については窃盗ですから検察庁に事件が送られ、家庭裁判所に事件送致されます。13歳の少年の場合は、窃盗罪が成立しませんので、指導・対応の必要な少年の場合は、児童相談所に事件が行き、児童相談所が対応します。児童相談所で、この少年は家庭裁判所に送るべきだと判断されると、家庭裁判所に送られてくるのです。この点は、教師や親は十分理解していなければなりません。

ぐ犯少年とは、14歳以上20歳未満で、将来罪を犯すおそれのある少年、および14歳未満で、将来刑罰法令に触れるおそれがある少年のことをいいます。少年法の対象となるぐ犯少年には、将来、罪を犯し、または刑罰法令に触れる行為をするおそれがあるというぐ犯性のほかに、（イ）保護者の正当な監督に服しない性癖のあること、（ロ）正当な理由がなく家庭に寄りつかないこと、（ハ）犯罪性のある人もしくは不道徳な人と交際し、またはいかがわしい場所に出入りすること、（ニ）自己または他人の徳性を害する性癖のあること、という（イ）から（ニ）までの四つのぐ犯事由のうち、一つまた二つ以上に該当することが必要になります。

ぐ犯という考え方は、成人にはない考え方です。ぐ犯の「ぐ」には「虞（おそれ）」という漢字を当てます。現時点では犯罪に当たる行為をしていないが、将来、犯罪に当たる行為をするおそれがある少年のことです。たとえば、家に帰らず、もっぱら暴力団の組事務所で生活をしている少年などがその代表です。成人であれば、組事務所で生活しているだけで警察に捕まることはないのですが、少年法は少年の健全育成を目的にしているので、このような少年も家庭裁判所の審判の対象にするのです。

Q4 自転車を盗んだのに、占有離脱物横領という罪名がついて、家裁から呼び出しがきました。これはどういうことなのでしょう。一見、軽い非行にみえる事件の落とし穴について教えてください。

自転車や原付バイクを盗んでも、窃盗という罪名ではなく、場合によっては、占有離脱物横領という罪名で扱われることがあります。

人の自転車や原付バイクを勝手に乗っていくと、窃盗ということになります。ところが、他人が盗んで放置された自転車や原付バイクを勝手に乗って、警察官に見つかると、占有離脱物横領という扱いになるのです。内容は似ていますが、厳密にいうと、罪名は違うのです。軽い気持ちで、あとで返せばいいやなどと思って乗っていくと、このような犯罪になりますので、注意しないといけません。

また、万引きやバイク盗など一見軽い非行も、じつは要注意です。

万引き事件で、家裁調査官に呼び出されたのに、3度呼び出されても家裁に来ません。調べてみると、この少年は家にほとんど帰っておらず、親との関係も非常に悪い少年でした。このように、事件そのものの評価が軽いものであっても、手当てが必要という少年はいくらでもいます。そういう理由から、少年法では全件送致主義という原則をおいているのです。犯罪についてはすべて家庭裁判所に送られてきます。これは、少年事件は開けてみないとわからない、事件が一見軽くても、必要な手当てはきちんと行って、少年の健全育成を図っていこうという少年法の精神の表れなのです。

Q5 性非行について教えてください。

男子の性非行は一般に、強姦（強制性交等）、強制わいせつ、公然わいせつなど、法に規定されている直接的な犯罪行為に加え、下着窃盗や「のぞき」などの間接的に性的な欲求充足を求めて行われる逸脱的（倒錯的）行為をあげることができ、これら双方をさします。女子の性非行は、不純異性交遊や援助交際、売春といった、男子にはない様相が色濃くなります。このような女子の性非行は被害者なき非行などとも呼ばれ、薬物非行との類似性が指摘できます（Q6参照）。被害者がいない、いわば、被害者は自分自身であるという女子非行や薬物非行は、罪悪感が生じにくいという特徴があります。「自分自身の身体がダメになるよ」と助言しても、「自分の身体について、他人からいろいろいわれたくない」という返答が返ってくることが多く、罪悪感が深まりにくいのです。また、その他、女子特有の非行として、自分が気に食わない女子に対して、男子に強姦をさせるといった、男子とは違った展開をする性非行もあります。このように、男子と女子ではその態様や意味が異なります。

さて、男子の性非行について述べますと、まず、下着盗は、性衝動の問題として考えないほうがよい場合が多いといえます。つまり、思春期の自我の発達問題として考えるほうが適切である場合が多いというのが筆者の印象です。親離れのさいにしばしば起こるからです。過干渉な母親の呪縛から自由になろうとする心理プロセスのなかで、このような非行が起こることがあります。この場合、男性的自己主張の表れと理解できることがしばしばあります。ただし、汚れた下着を盗む行為は別です。かなり慎重な理解と対応が必要となります。

強姦事件は、集団によるものが圧倒的に多く、一人で行うものは非常に少ないといわれています。集団で行われる場合は、仲間集団に大きな影響を受けています。主導的な人物を除けば、それ以外は同調的に行っている場合が多いのが特徴です。主導した男子はいわゆるナンパの延長ととらえていることが多く、罪悪感が乏しいことが多いといえます。さらに、その人物に追従した仲間は、戸惑いはあるものの、この人物に勢いでつきあってしまうということも稀ではありません。これに対して、単独での強姦は内向型の性格で、仲間から孤立していることが多く、根深い自信の乏しさがあり、行為には男性性の劣等感を埋め合わせようとする意味合いをもつ場合がしばしばあります。性衝動の問題だけではなく、相手への支配欲求の問題が背後にある場合が多く、その点の理解も重要です。

強制わいせつは、暴力的に被害者を支配する点で、強姦とかなり共通するものがあります、通常は単独で行うため、単独強姦型に近いといえます。性交を目的としないことも多く、ときには男児に対して行われます。総じて、性的に未熟で性衝動の抑圧が強い場合が多いといえます。思春期における性の発達は、性欲のコントロールと「性」と「愛」の統合という二つの要素をもちます。性非行については、一般的に「性」と「愛」の分離や未統合が顕著であるといえます。

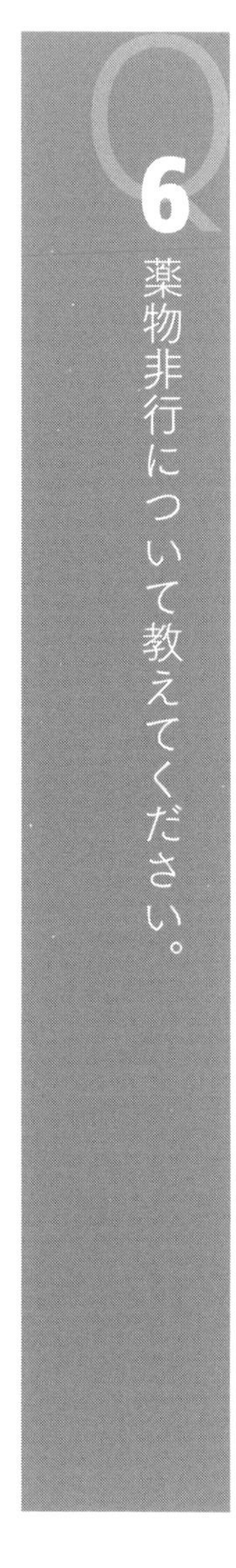

Q6 薬物非行について教えてください。

薬物非行の一つの特徴は、罪悪感が生じにくいということです。これは女子の性非行とも共通しています（Q5参照）。これらの非行は被害者なき非行（犯罪）ともいわれ、被害者がいないのです。あえていうなら、被害者は自分自身だということになります。「お前の体がダメになる」と指導しても、「自分の体がどうなろうと人に注意される筋合いはない」などと反発を受けることにもなりかねないわけです。また、法律で禁止されていない薬物を乱用し、法の目をくぐろうとする者も後をたたない。これは脱法ドラッグの乱用といわれるものです。法律で規制しても、すぐに法律で規制されていない薬物を見つけては乱用し、法律と薬物のいたちごっこになるのです。

アルコールも薬物ですので、飲み屋の状況を思い起こしてもらうと、薬物のことがよくわかります。ふだんは気が弱くて、言いたいことも言えないような人が、お酒が入ると強気になり、大声を張り上げたりする光景を見た方も多いでしょう。

このように、一般に薬物は乱用者のもっとも弱い部分を探して出して、そこを支えるのです。薬物乱用の指導には、薬物をやめさせ、規則正しい生活をさせる指導と、薬物によって補償されるような、

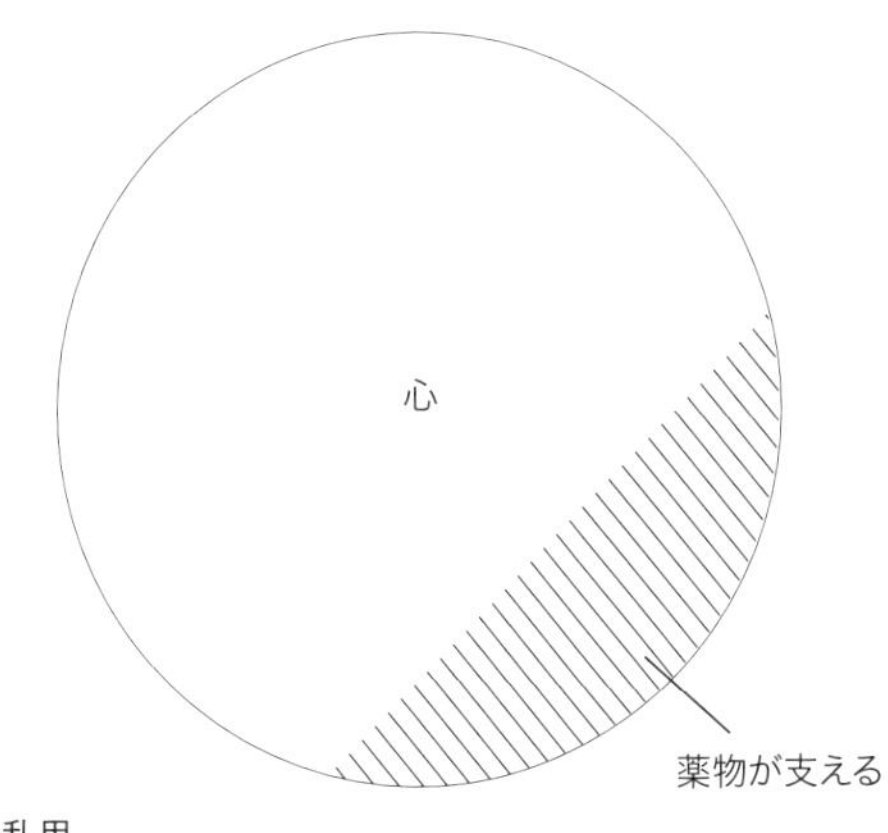

図４－２　薬物の乱用

自分の弱い部分と直面し、そこを改善していく指導が求められます。図４－２を見てください。酒を含めて、薬物はその人の心のなかの、もっとも弱い部分、見られたくない部分、この図でいえば影（斜線）の部分を巧みに見つけ出し、そこを支えるのです。だから気持ちがよいのです。つまり、薬効そのものとしての快感と、このような弱い部分を支えてもらうことで得られる心理的な快感とがあるのです。

この構造は不良交友にも当てはまります。非行少年たちは自分のいちばん弱いところを、不良交友によって支えられているのです。だから、不良交友を断絶しようとしても、なかなかうまくいかないのです。

さて、薬物非行に話を戻します。薬物非行の指導はなかなか困難です。それは次のような理由からきています。まず、薬物乱用者には、自分のほうが薬物については指導者よりよく知っているという間違った自負心があることが多いからです。また、薬物の怖さを動画などで指導しても、その恐怖感を友人どうしで支え合うために、指導が深まらないのです。さらに、極めつけは、動画などを見せて過度に不安感や恐怖心を刺激すると、今度はその不安や恐怖を薬物乱用によってまぎらわせようとする行動に出るのです。これが最悪です。さらに薬物におぼれていくわけです。動画などで「怖がらせればよい」という、単純なものではないことが理解できます。その人の薬物乱用の進み具合も念頭に入れて、慎重な対応をすることが必要といえましょう。薬物乱用から立ち直った者による講話や、自助グループに参加するなどして、お互いに支え合うことなどが効果を上げています。

Q7 チームやギャングと呼ばれている集団はどのようなものですか？

都市型の少年非行と呼ばれることもあります。少年非行は地元の先輩後輩の仲間関係でグループが形成されることが一般的です。ところが、これに対して、都市、駅前の繁華街などを中心に非行グループが形成されることもあります。これらは都市型の少年非行グループと呼ぶことができ、これらの少年非行グループの具体例として、チームやギャングと呼ばれる集団が存在するのです。これらの集団は、地元の仲間関係でつながっているわけではないので、その分だけ、人間関係は薄くなります。そのため、逆に残酷なことができたりします。グループ内、あるいはグループ間での抗争が残酷になったりすることもよくあります。地元のグループでは、幼いころからの知り合いが多いので、仲間の性格などはある程度わかりあっています。ところが、都市型の非行集団になりますと、そういうことはわからないので、見栄を張って、自分の強さ、残酷さを堅持しようとします。それらがお互いにエスカレートして、非常に残酷な行動になって表れることがあるのです。

また、昨今、「半グレ」と呼ばれる反社会集団が取りざたされることがあります。これも都市型の反社会集団といえます。この集団は、犯罪集団とカタギという二つの顔をもっています。高学歴者を取り込みながら、ネットを使った詐欺など、さまざまな犯罪を行い、そこで得た金を株などの正業に投資するなど、以前の反社会集団とは趣を異にする面がみられます。

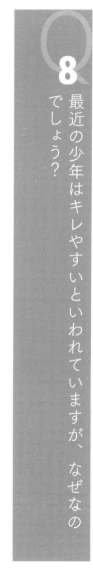

Q8 最近の少年はキレやすいといわれていますが、なぜなのでしょう？

一つには、人間関係が希薄になったことがあげられます。子どもたちの遊びは、いわゆるゲームなど一人遊びが主流になってきています。また、塾通いなどライフスタイルの変化によって、親密な仲間集団を形成できない子どもが増えています。例をあげてみましょう。たとえば、先生に叱られたとします。それに対して納得のいかない場合もあるでしょう。そういう場合は、友人たちに憤懣をぶつけて怒りを解消すると思います。しかし、そういう腹を割って話をする友人がいないと、どうでしょうか。キレてしまうことになります。

筆者はよく笑い話のようにいうのですが、キレるのは切れているから。つまり、人間関係が切れると、キレやすくなるのです。

もう一つには、子どもたちの自己愛化が考えられます。

現代は少子化の時代といわれています。しかも、経済的に豊かになっています。このような状況のなかで、うぬぼれの強い自己愛的な子どもたちが増えてきています。自己愛にも、健全な自己愛と不健全な自己愛があります。ここで問題になるのは、不健全な自己愛です。実力もないのにプライドだけが高い。じつは自信もないのに、人を人とも思わない横柄な態度をとる。自分中心の勝手な論理で行動する。他人を思いやるような共感性に欠けている……こういう自己愛は、不健全な自己愛といえるでしょう。このようなナルシストが増えているのです。彼らの特徴は、バルネラビリティと呼ばれる独特の「傷つきやすさ」をもっていることです。彼らは対人関係で非常に傷つきやすい。キレる若者の背景には、じつはこの「傷つきやすさ」が存在するのです。

なぜ、こういうナルシストができあがるのでしょうか。一つには、親の関わり方の問題が指摘できます。親から一方的に過剰な期待や願望を押しつけられると、子どもたちは本当の自分を生きることができなくなります。この「一方的に」というところが問題です。親の道具として偽りの自分を形成するわけで、それが自己中心的なナルシストを生み出していくのです。

このような悪しき自己愛化は、共感性の乏しい自己中心的な人格、脆弱で傷つきやすいナルシストをつくり上げていきます。彼らは往々にして尊大な態度をとりますが、それは弱々しい真の自分のうえに、肥大した偽りの自分が乗っているからです。実際は、ちょっとした非難や批判にぐらぐらと揺れている。彼らが自分の意見を少しでもけなされると、ひどく怒りを爆発させるのはこのためなのです。このような怒りの爆発は「自己愛的憤怒」と呼ばれています。最近の若者の「キレる」現象は、まさにこの自己愛的憤怒と関係があるといってよいでしょう。

Q9 非行深度について教えてください。

非行少年の処遇を考えるさい、非行性をどのように理解するかが大きな問題となります。ここでは具体的に非行性を考えるうえで、重要な視点を与えてくれるものとして、安倍淳吉の非行深度論［安倍 1978］を紹介したいと思います。

安倍は、非行者の生活空間の中心が非行との関わりのなかで、保護領域から反社会集団へと移行していく段階を４段階に分け、非行深度として示しました。青年期における非行深度の概略を次に示します。

深度Ⅰ（アマチュア段階）

保護領域内で非行が発生し、この領域内に非行がとどまり、この領域を中心にした統制によって非行が阻止できる段階。家庭、学校、近隣を中心とする生活集団のなかに問題をもち、非行準備性が近隣保護社会のなかで触発され、行動化される非行段階です。家財持ち出し、学校内での寸借詐欺、近隣での万引き、自転車盗などがこの段階に相当します。

深度Ⅱ（プロ・アマ段階）

非行者の生活空間の中心が保護領域や近隣集団から離れ、非行集団内に移行しつつあるが、まだ基本的には保護領域に依存している段階。やや手口が専門化し、被害者は加害者の住居地域外の場所や職場、盛り場など、保護領域を越えるようになります。しかし、犯罪に対する職業（稼業）意識やそれへの展望は存在しません。盛り場や居住地域以外での万引き、スリ、恐喝、夜盗などが代表例です。この段階では吹き溜まり非行集団が生じやすく、独特の文化的規範や反風俗的慣習、雰囲気を形成していくといわれます。

深度Ⅲ（アマ・プロ段階）

非行者の生活空間の中心が保護領域から離れて不良集団内に移行した段階。しかし、まだ非行が職業化はしておらず、当該不良集団も、職業的犯行集団（やくざなど）の周辺部にあるような段階。プロとの接触をもち、伝統的手口が学習される段階です。

深度Ⅳ（プロ段階）

非行が職業化し手口が専門化する段階。家庭など保護領域とはほとんど絶縁し、家庭からの離脱は長期間に及ぶようになります。成人の支配する反社会的組織のメンバーになり、手口が専門的で、犯罪を計画的に行い、発覚防止にも入念な措置をするようになります。

この安倍の非行深度論は、保護領域と反社会集団を対極とする、比較的単純な尺度を設定しています。そのため非行深度を具体的に明確に把握しやすく、実務的に高い有効性をもつと考えられます。

Q10 家庭裁判所で用いられる用語に要保護性というものがあります。要保護性とはどのようなものですか？

家庭裁判所調査官が少年非行を考えるうえで、きわめて重要な概念の一つとして、要保護性というものがあります。

要保護性とは、簡単にいうと、その非行少年にはどの程度の保護を必要とするか、また、どのような質の保護を必要とするか、ということです。

少年の処遇を考えるためには、その少年の非行性がどの程度進んでいるかを理解しなければなりません。いま、問題になっている非行についての動機、手口、さらに、その少年がどのような生活を送ってきたのか、親はどのように少年に接してきたのか、友人との交友はどのようになされ、現在の交友関係はどのように展開しているのか、こうした少年の生活史、少年の人格や行動傾向、家庭の保護能力、学校や地域環境なども考慮に入れて、少年の非行を理解していきます。そして、少年の立ち直りのために何が必要か、どのような処分が適当か、ということなどを調査するのが、要保護性の調査ということになります。

要保護性を考えるうえで、累非行性（再び非行を犯すおそれのあること）、矯正可能性（保護処分を加

える ことにより、非行性が除去できること）、保護相当性（保護処分がもっとも有効適切な手段であること）などが重要な要素となります。

少年審判の基本原理の一つに「個別処遇の原理」（処遇の個別化）があります（Q19参照）。少年審判では、その少年ひとりひとりにどのような処遇が必要かということを考えます。要保護性とは、まさに、この処遇の個別化を検討するうえで、もっとも大切なものの一つなのです。

A君とB君は同じ年齢で、20万円程度のまったく同じものを盗んだとします。警察で捕まったのも初めてだとします。大人の裁判手続きでは、こうした場合、公平性の観点から、同じような結果になるだろうと考えられます。しかし、少年審判では考え方が違ってきます。たとえば、A君はきちんと学校に通い、親子関係も良好だとします。ところが、B君は警察で捕まったのは初めてですが、現在、家出状態であり、不良交友があり、学校にも行かず、仕事にも就いていないとしたらどうでしょうか。二人に対する処遇の質は異なってくると考えられます。少年審判ではそのように考えるのです。

非行性がその少年の内的な状態をさすものだとしたならば、要保護性とは非行性も内包しながら、もっと広範な概念であることが理解できるでしょう。すなわち、少年のあらゆる側面、家庭や少年を取り巻く環境をも含めて考えるべきものなのです。

家庭裁判所調査官の調査は「社会調査」とも呼ばれますが、この要保護性を解明することがその重要な仕事となるのです。

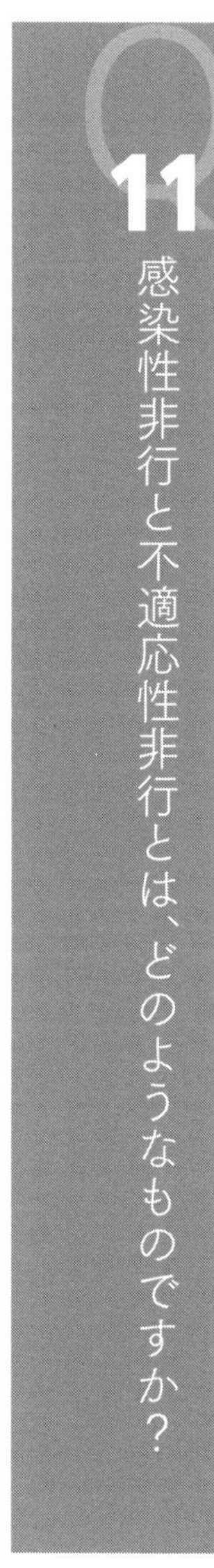

Q11 感染性非行と不適応性非行とは、どのようなものですか？

非行少年の処遇を考えるさい、その非行をどのように理解するかが大きな鍵となります。従来から、非行には大別して二つの考え方があります。感染性非行と不適応性非行の考え方です。

感染性非行とは、簡単にいうと、朱に交われば赤くなるという考え方です。いわゆる不良交友を通して、非行の手口や非行文化を学習し、非行をくり返すようになるという考え方です。非行をくり返す多くの少年たちは、不良グループに所属していたり、何らかのかたちで非行性のある集団と関わりをもちます。このような関わりを通して、非行集団や非行文化に同化したり、影響を受けたりして、非行をするようになるという考え方です。

とりわけ、非行集団に所属し、集団で非行をくり返す場合、この感染性非行の考え方はよく理解できます。

もう一つの非行の考え方は、不適応性非行です。これは、心のなかにあるフラストレーションや葛藤などの補償として、非行が生じるという考え方です。

たとえば、親が不適切な養育態度で子どもに接すると、子どもの欲求はいつも満たされないと考えられます。あるいは両親の間でいつも諍い（いさか）があり、子どもはいつもその状況をみることになるとしたらどうでしょう。子どもは心のなかに、大きなフラストレーションを抱えるのではないでしょうか。友人関係がうまくいかない、教師は自分を的確に理解してくれないとしたらどうでしょうか。当然、フラストレーションが高まるのではないでしょうか。

このようなフラストレーションや葛藤が原因で非行に至るというものが、不適応性の非行です。非行少年たちは心のなかに、家族や友人関係などの葛藤を抱えている場合が多く見受けられます。とくに重い非行をくり返し行う少年などは、ほとんどがこのような葛藤を抱えています。したがって、非行少年の立ち直りの援助には、このようなフラストレーションや葛藤の理解、それらへの手当が不可欠になります。

ただ、多くの非行は「感染性非行」と「不適応性非行」のどちらかに厳密に区別できるものではありません。多くは、双方が混じり合っていると考えられます。

さて、非行少年への処遇や対応を考えるうえで、ひとりひとりの少年がどのような保護を必要としているかを細やかに理解し、検討していくことが必要になります（Q10、要保護性も参照されたい）。非行性の内容を検討していくことが重要な要素になります。そこで、その非行性の質を検討したり、整理したりするうえで、この「感染性非行」と「不適応性非行」の二つの視点は重要な手がかりを与えてくれることになります。

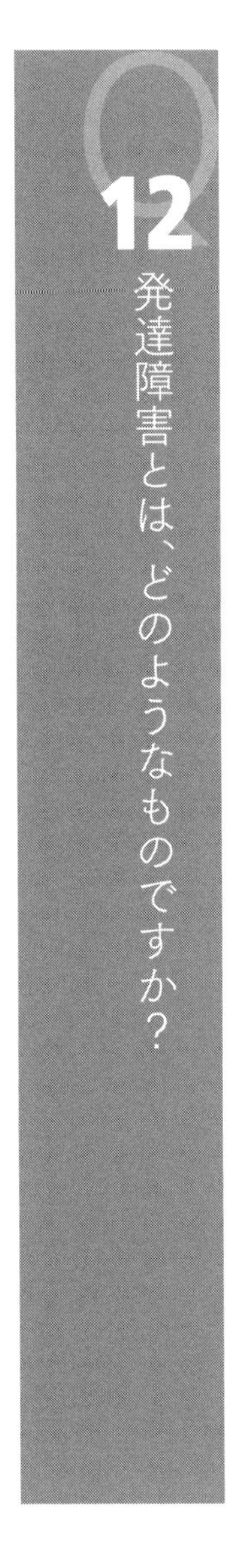

Q12 発達障害とは、どのようなものですか？

２００５年4月1日に施行された発達障害者自立支援法には、発達障害とは「自閉症、アスペルガー症候群その他の広汎性発達障害、学習障害、注意欠陥多動性障害その他これに類する脳機能の障害であってその症状が通常低年齢において発現するものとして政令で定めるもの」と定義されています。

自閉症は、①社会性の障害、②コミュニケーションの障害、③想像力の障害とそれにもとづく行動の障害（こだわり行動）という三つを基本的な障害とするものです。

①社会性の障害とは、親を求めない、目と目が合わない、平気でどこかへ行ってしまうといった幼児に特徴的な行動が始まって、双方向の交流ができない、人の気持ちが読めないといった社会的相互反応がやがて目につくようになります。

②コミュニケーションの障害は、言葉の遅れから始まり、その後、言葉が出てくるようになると、おうむ返し、疑問文による要求、ジェスチャーがともなわないなど、自閉症独特の言語障害がみられます。さらに言語能力が向上した場合には、比喩や冗談がわからないことや会話による気持ちの交流が難しいことが特徴となります。

③想像力の障害とそれにもとづく行動の障害は、一般的にこだわり行動といわれているものです。自閉症は多彩なこだわり行動を示します。

自閉症には最重度の知的障害から正常知能のものまでが含まれますが、知的障害のともなわない自閉症を高機能自閉症といいます。アスペルガー症候群は、高機能自閉症の代表でもありますが、これは自閉症の三つの障害、①社会性の障害、②コミュニケーションの障害、③想像力の障害とそれにもとづく行動の障害のうち、言語コミュニケーションの障害が非常に軽いものをいいます。このような自閉症を非常に大きく、広くとらえたものが広汎性発達障害です。これは自閉症スペクトラム障害とも呼ばれます。

注意欠陥多動性障害（ADHD）は、知能は正常であるのに、よく動き、トラブルをくり返すもので、注意欠陥（集中困難）、多動性、衝動性の三つがおもな症状です。人によって表れ方がさまざまですが、①注意欠陥、多動性・衝動性の両方が表れる「混合タイプ」、②おもに注意欠陥が目立つタイプ、③おもに多動性・衝動性が目立つタイプの三つに大別されます。近年、しばしば学級崩壊という言葉が聞かれますが、このADHDの子どもがクラスに何人かそろうと、学級崩壊の引き金になることがあります。そういう意味でも、現在もっとも話題になる発達障害の一つです。

学習障害（LD）は、知的な遅れがないのに、特定の学習に著しい障害を示すものです。文部科学省の定義によれば、「学習障害とは、基本的には全体的な知的発達に遅れはないが、聞く、話す、読む、書く、計算する、または推論する能力のうち、特定のものの修得と使用に著しい困難を示すさまざまな状態をさすもの。学習障害は、その原因として中枢神経系になんらかの機能障害があると推論されるが、視覚障害、聴覚障害、知的障害、情緒障害などの障害や、環境的な要因が直接の原因となるものではない」とされます。

Q13　子どもが仲間から万引きをしようと誘われて、断れないでいます。いっしょについていくだけでも共犯者になる可能性はありますか？

可能性としては、あると申し上げておきます。自分は万引きをするつもりはなかった、分け前ももらうつもりはなかったとします。しかし、万引きをする仲間についていってしまうと、共犯者になる可能性が出てきます。たとえば、警察官に捕まったとします。自分は万引きはするつもりはなかった、ついてきただけだと申し開きをしても、警察官からは、「でも、店員が仲間の万引きに気づいたら、そのことを仲間に教えたのではないか」と聞かれます。仲間ですから、「教えると思う」と答えるでしょう。すると、「見張り役」をしたということになってしまうのです。つまり、万引きの実行行為の分担を担ったということになってしまう危険性があるのです。つまり、わかりやすくいうと、見張り役をした、ということになってしまうのです。

万引きに付き合いたくないという気持ちがあるのなら、ついていくのをやめることが賢明です。あるいは、仲間に自分は万引きをしたくないと明言し、仮に万引きをする店にいっしょに到着しても、すぐにその場から立ち去るなど、自分は万引きとは関係がないということがわかるような意思表示と行動をとることです。これが大切です（第５章の２．「万引きなど軽微な非行の理解」も参照されたい）。

Q14 非行の兆しはどのようなところに表れてくるのでしょうか？ 子どもを非行に走らせないためには、親としてどのようなことに気をつけないといけないのでしょうか？

多くのケースで表れてくる兆しは、家財持ち出しです。つまり、家から、あるいは親の財布からお金を持ち出すのです。ところが、親がそれに気がつかないと、持ち出しがエスカレートしていきます。これにはどのような意味があるかというと、一つは親の金銭管理の甘さです。持ち出されても、親が気づかない状態では、子どもはくり返してさらにエスカレートするようになります。二つめは、親子の会話不足です。親子の会話、とくに気持ちの交流が不足すると、そこに非行の要素が入りやすくなります。

子どもが思春期になると、親が子に過干渉に接したとき、子どもは親を拒否するようになります。過干渉は子どもを支配することとつながります。思春期の子どもは親離れしていこうとしているわけですから、このような親の支配的な態度を嫌うのです。過干渉に接するのではなく、子どもと気持ちの交流を絶やさないことです。これが大事です。中学生くらいになると、子どもは親よりも友達を大事にし、相談ごとも友達にするようになります。しかし、本当に困ったときは、親のところに相談にくる、そういう親子関係をふだんから形成していく努力が大事でしょう。

また、相談し合える夫婦関係、あるいは親どうしの仲間・友人関係をもつこと、さらには、困ったときには相談機関に相談するという方途があることなども、頭のなかに入れておきましょう。

Q15 警察で取り調べを受けた後はどうなるのですか？

14歳以上と13歳以下で、対応が異なります。窃盗や傷害事件を起こしたとしたなら、14歳以上ですと犯罪が成立しますので、検察庁に事件が送られ、検察官が調べたのち、家庭裁判所に事件が送られてきます。逮捕された場合は、身柄を拘束されて、家庭裁判所に身柄つき送致され、まず、少年鑑別所に入れるか、釈放するかの決定がなされます。

少年鑑別所に収容されると、多くの場合は4週間以内に審判が開かれます（場合によっては、8週間まで入っていることがあります）。その間、家裁調査官の調査と少年鑑別所の職員による鑑別のための調査を受けることになります。保護者も家庭裁判所に呼ばれ、家裁調査官の調査を受けます。

逮捕されなかった場合は、家に帰され、書類だけが家庭裁判所に送られます。そして、少年は保護者といっしょに、家庭裁判所調査官の調査を受けることになります。

一方、13歳以下の場合は、警察が何らかの手当てが必要と考えた場合は、児童相談所に事件を送ります。しかし、児童相談所が、この事件は児童相談所よりも家庭裁判所で対応したほうがよいと判断した場合は、事件が家庭裁判所に送られます。

13歳以下で逮捕されることは非常にまれですが、逮捕されるような重大な事件を起こした場合は、いったん児童福祉の専門機関である児童相談所に事件が送られます。しかしほとんどの場合、すぐに家庭裁判所に事件が送られます。

Q16 子どもが事件を起こし家庭裁判所から呼び出されました。どうなるのでしょうか？　親と子はどのような準備をすればよいのでしょうか？

一般的な心がまえを申し上げましょう。保護者（親）は子ども（少年）と事件について、話し合いをしましょう。家裁調査官は次のようなことを聞くと思います。本当にその事件を起こしたのか。なぜその事件を起こしたのか。事件までの間、どんな生活をしていたのか。事件の後、どのような生活をしているか。家庭生活はどうか。学校生活はどうか。深く反省しているか。被害者への弁償や謝罪はしたのか、などです。このような調査官の質問に、きちんと答えられるようにしておくことです。

家庭裁判所から呼ばれるということは、生活を改める最大のチャンスともいえます。それまで、ふだん親子であまりきちんと会話ができていない家族もあるでしょう。しかし、この呼び出しをチャンスと考え、保護者は子どもといっしょに事件や生活を振り返り、生活を改めるように努力するのです。反省をしているということがきちんと説明できれば、家裁調査官はそのことを深く受け止めるでしょう。保護者と子どもがきちんと被害を弁償し、謝罪することも重要です。

このような準備をして、家裁調査官の調査にのぞむことができれば、家裁調査官はきちんとそれを評価するでしょう。また、生活改善に向けて、家裁調査官のアドバイスを仰ぐこともできます。家裁調査官は警察官とは違います。心理学や人間関係に関する学問を身につけている専門家です。必要によっては、相談に乗ってもらうこともできるでしょう。

Q17 中学校の教師ですが、生徒が事件を起こしました。教師はこれから、どのようなことをすることになるのでしょうか？

一般的なことを申し上げておきましょう。中学校であれば、書面が送られてきて、回答を求められることが多いと思います。子どもや家庭のことについて、家裁調査官と情報交換をすることもできます。教師の目からみた少年の姿、家庭のありよう、学校での少年や保護者の状況、それらは少年の事件を考えたり、要保護性（Q10参照）を考えたりするうえで、重要な資料になるのです。家裁調査官と直接話がしたい場合は、あらかじめ電話で面接の予約を入れておくとよいでしょう。家裁調査官には、教師と会うだけの余裕がないこともあるかもしれませんが、家裁調査官は学校の教師に会うことも重要な仕事の一つなのです。

ただ、一般的には、書面での回答で終わることが多いでしょう。

少年が逮捕され、少年鑑別所に入っている場合は、教師は少年鑑別所に行って少年と会うこともできます（Q28参照）。

家裁調査官と直接会って、少年の生活実態や今後について、話をすることも重要になるでしょう。

少年鑑別所から出て、学校に復帰する可能性もあるわけですから、学校の教師は少年の立ち直りに向けて重要な役割を担っていると家庭裁判所も考えています。

少年鑑別所に収容されている少年は周囲からの刺激を遮断され、さみしさや心細さを感じています。そういう状況のなかで、学校の先生のあたたかい言葉かけは非常に有効に作用します。審判の結果、保護観察（Q26参照）や試験観察（Q33参照）の決定を受けて帰宅する場合は、学校に復帰するわけですから、先生と少年の関係が改善されていれば、それだけ学校生活が円滑に進むわけです。仮に、審判で少年院送致（Q31参照）になったとしても、学校の先生のあたたかい言葉かけは有効なものとなります。このように考えると、少年鑑別所で学校の先生が少年と面会する意義は大きいと考えるべきでしょう。

Q18 家庭裁判所に事件がかかりました。前科になるのでしょうか？

家庭裁判所に事件がかかっても、それだけでは前科にはなりません。家庭裁判所で家庭裁判所調査官の調査を受けても、前科になることはありません。家庭裁判所で保護観察の決定を受けても、少年院に送られても前科にはなりません。もう少し詳細に述べると、家庭裁判所で少年に対して行われる審判不開始決定や不処分決定、さらには保護観察、児童自立支援施設または児童養護施設送致、少年院送致といった保護処分についても、これらはすべて刑罰ではないので、前科にはなりません。そのため、家庭裁判所で処分を受けたという経験は、公務員などの欠格事由にも該当しません（後にくわしく述べます）。

しかし、未成年者の事件であっても、検察官送致（Q32を参照してください）となり、検察官が事件を起訴し、刑事裁判での有罪判決が確定した場合は、成人と同様に刑罰を受けることになりますので、前科となります。前科がつくと、たとえば国家公務員や地方公務員の欠格事由の一つとして、禁錮以上の刑に処せられ、その執行を終わるまでの者やその刑の執行猶予の期間中の者など、その執行を受けることがなくなるまでの者と定められています。

家庭裁判所の決定において、検察官送致以外の扱いでは、前科にはなりませんが、家庭裁判所の係属歴として記録されます。これは、非行を考える場合、もう少し専門的にいうと、少年の要保護性（Q10参照）を考えるうえで、重要な材料となります。

Q19 少年法の理念について教えてください。

少年法の理念として、教育主義、処遇の個別化、職権主義の三つをあげることができます。

教育主義

教育主義とは保護主義とも呼ばれるもので、罪を犯した少年にはできるだけ刑罰ではなく、保護処分その他の教育的手段によって非行性の除去をはかることとしています。刑罰は、このような教育的手段によって処遇することが不可能か、不適当な場合にかぎって科されることになるのです。

ちなみに、少年院送致は刑罰ではありません。保護処分であって、少年院は矯正教育を行うところです。刑罰が必要と考えられる場合は、（14歳以上であれば）検察官送致にされ、成人と同じような手続きで刑事裁判を受ける道筋をたどることになります。

処遇の個別化

処遇の個別化とは、少年ひとりひとりの問題を調べ、その問題の改善に必要な対応をして健全育成をはかることです。少年法は成人の刑事事件のような微罪処分や裁量による不送致を認めておらず、すべて家庭裁判所に送致させるという、いわゆる全件送致主義をとっています（現在、少年法の適用年齢の引き下げについての議論が活発に行われています。その情報にもご注意ください）。少年の非行の原因はさまざまであり、また、少年の資質や環境上の問題点も千差万別です。このような少年のもつ問題点に対処し、その健全な育成をはかるには、個々のケースに応じた個別的な処遇を行わなければなりません。したがって、処遇の個別は前述の教育主義の当然の帰結であるといえます。

成人に対する刑事裁判の場合には、犯罪事実が重視され、その結果、たとえば罪質が同じで、かつ被害なども同程度であれば、なるべく同種、同程度の刑罰を科することが、法的安定の見地からも要請されます（第１章20ページも参照）。これに対して少年審判の場合には、処分は非行事実のみならず、少年自身の抱えている問題、すなわち非行の原因やそれを除去するための資質、少年をとりまく環境上の問題点に応じて、それにふさわしい処遇方法が少年ひとりひとりに応じて検討されるのです。これが少年審判の基本的な考え方です。

職権主義

成人の刑事裁判と少年審判は、大きく様相が異なっています。少年審判は、職権主義を基本としています。成人の刑事裁判では、検察官と弁護人のやりとりを裁判官が第三者的立場でみて判決を下すという構造をとっています。これは対審構造と呼ばれるものです。

これに対して、少年審判では家庭裁判所自らが少年について広汎な調査を行い、適切な処遇を考えます。これは職権主義と呼ばれるものです。この手続きは処遇を決定する手続きであると同時に、教育的、あるいは福祉的な性質をもつといえます。すなわち少年審判の全過程は、司法機能実現のための「司法過程」であると同時に、福祉的機能ないし保護的機能の実現のための「保護過程」（教育課程）でもあると考えられているのです。

Q20 家庭裁判所をめぐる事件の流れを教えてください。

家裁への事件送致の形態には2種類あります。在宅送致と身柄付き送致です。

在宅送致は警察や検察庁で必要な調べは受けますが、身柄を拘束されずに、家に帰され、事件の書類だけが家庭裁判所に送られてくる送致の形態です。ほとんどの事件はこの在宅事件です。在宅事件が家庭裁判所に送致されると、家庭裁判所調査官（家裁調査官と略）の調査が始まります。少年と保護者が呼び出され、面接調査を受けることになるのです。そして、家裁調査官は少年調査票を作成し、審判のために裁判官に提出します。

これに対して身柄つき送致とは、おもに、逮捕され、拘留され、身柄を拘束された状態で、家庭裁判所に送致されてくるものです。この場合、家裁に送致されてくると、釈放するか少年鑑別所（Q27を参照）に入れるかの判断を受けます。少年鑑別所に入ると、身柄を拘束された状況で、家裁調査官の調査と少年鑑別所での鑑別を受けることになります。そのうえで、審判を受けるのです。少年鑑別所に入れることを観護措置と呼びますが、観護措置の期間は（場合によっては最大8週間まで入れておくことができますが）原則として4週間以内です。4週間以内に審判があります。審判は裁判官が少

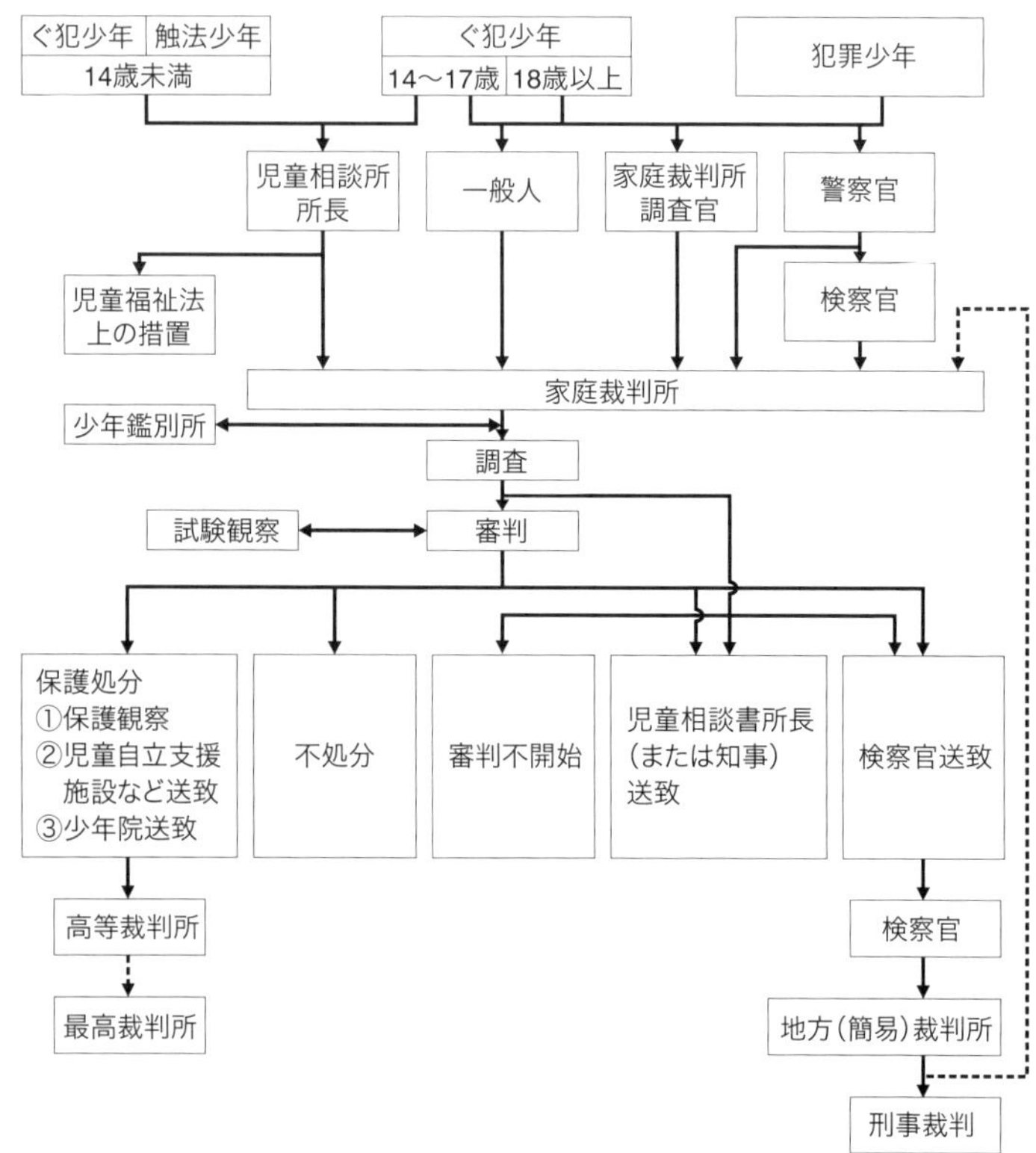

図４－３　家庭裁判所を中心とした少年事件のプロセス
[村尾 2012]

年と保護者に会う場ですが、この審判で処遇が決定します。

さて、少年鑑別所は、少年を収容して、少年の心と身体、ものの考え方などを調べるところです。少年鑑別所（Q27も参照してください）では、心理学の専門家である鑑別技官によって、面接、各種心理テストによる心理検査、身体状況の調査、精神医学的検査、行動観察などが行われます。これら各種の調査から得られた情報は、鑑別所内での判定会議によって総合的に検討され、少年の資質、問題、非行に至った要因、予後などに関することがらが鑑別結果通知書としてまとめられ、家庭裁判所に提出されるのです。この鑑別結果通知書と家裁調査官の作成した少年調査票が、審判では重要な資料となります。

Q21 家庭裁判所調査官から、家庭裁判所にくるように呼ばれました。家庭裁判所調査官とはどのような職種の人ですか？　また、その面接とはどのようなものですか？

警察官の取り調べとはまったく違うものと考えてもらってよいでしょう。家庭裁判所調査官（家裁調査官と略）は大学時代に心理学や社会学を学んだ者が多く、家裁調査官（最初は家裁調査官補）として採用されると、全国から一堂に集められ、長期にわたって研修を受けます。少年法や家庭に関する法律はもちろんのこと、心理学や社会学、教育学、社会福祉学などを学ぶわけです。

家裁調査官はカウンセリングやソーシャルワークの技術を使って、面接や環境調査を行います。場合によっては心理テストを使用することもあります。

このようなカウンセリングなどの専門的な技術を用いて面接を行います。まずは、少年や保護者との信頼関係（ラポールといいます）をつくり、そのなかで、ありのままの少年や保護者の姿、考え方などを理解していきます。

家庭裁判所調査官ですから、たんなるカウンセラーではありません。もちろん厳しさも必要です。厳しさと受容力を兼ね備えた面接技術を習得しているのです。

ですから、少年や保護者は、ありのままの姿や考え方を家裁調査官にみてもらえばよいと思います。

そして、立ち直りのための質問をしてもかまいません。家裁調査官は調べる姿と助言者としての姿、そして、ともに考えるという姿をあわせもっているといっても過言ではないでしょう。

Q22 家裁調査官の調査が終了しました。審判不開始という決定となりました。これはどのようなものでしょうか？

審判不開始という決定は、もっとも軽い決定です。

家裁調査官が調査を行い、必要に応じて、相談に乗ったり、アドバイスを与えたり、反省を求めたりします。調査はカウンセリングの技法なども用いて、心の問題にも対応します。そのような調査過程は、立ち直りを援助する過程でもあるのです。

そして、調査が終了すると、家裁調査官は調査結果を裁判官に提出します。調査結果のなかには、家裁調査官の処遇意見も書かれています。

それらを読んだ裁判官は、まず、審判（Q23参照）を開くかどうかの決定を行います。そして、審判を開かずに事件を終わりにするという決定を下した場合が、審判不開始という決定なのです。

家裁調査官が少年や保護者にアドバイスし、訓戒を与え、少年が十分反省したという場合などに、この審判不開始という決定が出されます。

少年がほかの事件で保護処分などに付されているため、当該事件では、とくに処分をする必要がないと認められる場合も含まれます。

いずれにせよ、審判不開始というのは、裁判が少年や保護者に会う審判という手続きをしないで、すなわち審判を開かないで、事件を終わりにするという終局決定なのです。

Q23 家庭裁判所の審判とはどのようなものなのですか？ 成人の刑事裁判とどこがちがうのですか？

審判とは、家裁調査官の調査の結果を受けて、裁判官が少年と保護者に会い、その事件の審理を行う手続きをいいます。成人の刑事裁判の公判に当たるものです。成人の裁判（公判）は公開で行われますが、少年審判は非公開で行われます。審判は家庭裁判所の審判廷で行われるのが普通ですが、少年鑑別所など、裁判所外で行われることもあります。

審判の席には、裁判官、書記官が列席し、少年、保護者、付添人（Q34参照）が出席します（一般的には付添人がつかない場合が多いです）。家庭裁判所調査官も原則として出席することになっていますが、裁判官の許可を得た場合には出席しなくてもよいことになっています。

このほか、審判の席には裁判官の許可を得て、保護観察官、保護司、法務技官などのほかに、必要に応じて少年の親族、教員やその他、裁判官が相当と認める者を出席させることができるとされています。

審判は懇切を旨として、和やかにこれを行わなければならない（少年法22条1項）とされています。

裁判官は少年に対して、法律記録にもとづいて、送致された非行事実を説明し、少年の言い分を聞きます。少年が非行事実を争わず、書類上も証拠がそろっていて、少年が非行を犯したことが確実に認定できる場合は、ただちに処遇決定のための審理に入ります。主として、家裁調査官が作成した少年調査記録にもとづいて、少年や保護者に対し、少年の成育歴、本件非行の動機や原因、家族関係、学校、職場などの保護環境などの各問題点について、そのポイントとなる点を確かめ、自発的な発言を促してその言い分を十分聞いたのち、その他の関係者に対して、必要に応じて意見を述べさせます。場合によっては、少年や保護者をいったん退席させて、裁判官と関係者の間で少年の処遇についてケース・カンファレンス（事件についての意見交換）を行うこともあります。

このようにして裁判官の心証が固まると、少年に対して、終局決定を言い渡すのです。そのやり方も裁判官によっていろいろですが、刑事裁判の場合と違って非公開の手続きであり、何よりも少年の健全育成を企図することが大事なので、厳粛ななかにも和やかさをたたえ、少年の今後の心構えを教えさとすといったやり方が一般的です。事件によっては、少年に対して厳しく問題点を指摘し、反省を求めるという場合もあります。少年の立ち直りと健全育成を中心に考えて、審判は行われるのです。

成人の刑事裁判と少年審判は大きく様相が異なっています。成人の刑事裁判では、検察官と弁護人のやりとりを裁判官が第三者的立場でみて判決を下すという構造をとっています。これは対審構造と呼ばれるものです。これに対して、少年審判では家庭裁判所自らが少年について広汎な調査を行い、適切な処遇を考えるもので、これは職権主義と呼ばれるものです。通常の事件では検察官が関与しません。この手続きは処遇を決定する手続きであると同時に、教育的、あるいは福祉的な性質をもちます。すなわち少年審判の全過程は、司法機能実現のための「司法過程」であると同時に、福祉的機能ないし保護的機能の実現のための「保護過程」（教育課程）でもあると考えられているのです。

Q24 不処分とは何ですか？

家裁調査官の調査の後、審判が開かれ、少年と保護者が審判に呼ばれます。裁判官が少年と保護者に直接会います。審判廷で裁判官から、どのようなことを聞かれるかは、Ｑ23も参照ください。裁判官は非行事実を確認した後、少年や保護者に対し、少年の成育歴、本件非行の動機や原因、家族関係、学校、職場などの保護環境などの各問題点について聞きます。そのプロセスのなかで、裁判官は必要に応じて、少年に反省を促し、訓戒を与え、今後の生活についてのアドバイスをしたりします。

その結果、保護処分をする必要がないなどの場合、不処分という決定が下されます。簡単にいえば、家裁調査官から十分訓戒などを受けた、裁判官からも訓戒などを受けた、それでこの審判をもって事件を終わりにしてもよい、という決定なのです。

不処分を無罪と誤解する人がいます。たしかに無罪に相当する不処分もあることはあります。非行なしを理由とする不処分です。しかし、これは非常に少ないのが実情です。多くの不処分は、少年はもう十分反省しているし、家裁調査官からも裁判官からも十分手当てを受けた、これで終わりにしてもよい、という内容の不処分なのです。

審判不開始と不処分が占める割合が高いことをもって、家庭裁判所は何もしていないのではないかと思う人もいるでしょう。しかし、審判不開始、不処分といえども、十分手当てをしたうえでの決定であることを、理解していただきたいと思います。

Q25 保護処分とはどのようなものですか？

保護処分とは、保護観察、児童自立支援施設送致または児童養護施設送致、少年院送致の総称です。保護処分というと保護観察だけだと誤解する人がいますが、保護観察だけではありません。Q26、30、31も参照してください。保護観察とは、少年を家庭や職場においたまま、保護観察官および保護司による指導監督と補導援助を受けることによって、少年の改善更生をはかる処分です。一般的には保護司から生活指導を受けることが多いです。社会内処遇の一つです。

児童自立支援施設送致とは、児童福祉施設である児童自立支援施設に送致することです。児童自立支援施設は非行傾向のある児童を中心に収容している施設です。

児童養護施設送致とは、やはり児童福祉施設である児童養護施設に少年を送致するものです。児童養護施設は非行傾向がある児童が入る施設ではなく、親といっしょに住めない、あるいは、虐待する親から守るために、親といっしょに住んではいけない児童たちが生活するところです。少年の問題が非行性というよりも、もっぱら保護環境に問題があり、親と引き離して生活させなければならない場合などに、この施設への送致が行われます。しかし、児童養護施設送致は非常に少ないのが現状です。

少年院送致は、矯正教育を行う少年院に送致する処分です。少年院という名称は、少年非行のことをあまり知らない人でも聞いたことがある人は多いでしょう。

Q26 保護観察とはどのようなものですか？

社会内処遇の一つです。少年を家庭や職場においたまま、保護観察官および保護司による指導監督と補導援助を受けることによって、少年の改善更生をはかる処分です。一般的には保護司から直接、生活指導を受けることが多いです。保護司は民間のボランティアです。保護観察官は国家公務員で保護司といっしょに保護観察を行いますが、保護司に比べて保護観察官の数は非常に少ないので、保護司を束ねるような役どころをとることが多いと思われます。もちろん、事件によっては、保護観察官が直接、生活指導を担当する場合もあります（直担などと呼ばれています）。

成人の処遇としての保護観察もあります。

少年事件の保護観察は１号観察と２号観察が中心です。

１号観察とは、保護処分としての保護観察です。保護司を中心として生活指導を受けます。期間は20歳に達するまでですが、本人が20歳に達するまでに２年に満たない場合は２年間です。本人の成績が良好である場合は、それらの期間を満了する前に停止、または解除されることが認められています。

２号観察は、少年院仮退院中の者につく保護観察です。少年院送致された場合、仮退院で社会に出ることが多く、その場合、保護観察がつきます。保護観察中は、保護司の家を定期的に訪問して指導を受けたり、保護司が少年のところに訪問して指導を受けたりします。

Q27 少年鑑別所とはどのような施設ですか？

少年や保護者のなかには、少年鑑別所と少年院の区別がつかない人も多く見受けられます。ここで、少し説明を加えておきます。簡単にいうと、少年院は非行の立ち直りに向けて、矯正教育を行うところ、少年鑑別所は「鑑別する」ところということになります。すなわち調べるところです。何を調べるかというと、少年の身体と心、ものの考え方などということになります。健康状態や心の状態を調べ、さらに、非行や犯罪をどのように考えているか、友人関係や家族関係をどう考えているかなど、ものの考え方も調べます。何のために調べるかというと、審判のためということになります。少年鑑別所で調べた結果は鑑別結果通知書として、家庭裁判所に提出され、少年を審判する場合の重要な資料となります。

少年鑑別所は外来で少年の心理的な問題を調べたり、最近では、中学校などに出張して非行についての相談に乗ったりすることもあるようですが、基本的な業務は、非行のある少年を収容して（身柄を拘束して）、上記のような鑑別を行うのが主たる業務といえます。このような収容による鑑別の場合、収容期間は場合によっては８週間まで収容できますが、多くは４週間以内です。すなわち、ほとんどの場合、4週間以内に家庭裁判所の審判があり、不処分や収容のともなわない処分、たとえば保護観察決定などの場合は、審判後に身柄は自由になります。少年院送致決定など身柄を拘束した処分の場合は、いったん少年鑑別所に戻り、収容先の少年院が決定するまで、そこにとどまり、収容先の少年院に身柄を移すことになります。

具体的な鑑別の内容としては、入所した少年に対して、医師による医学的診断（精神疾患の診断も含む）、法務技官（心理）の鑑別面接や心理検査（知能検査や性格検査など）、法務教官による鑑別所内での生活状況、作文、面会状況などの行動観察、家庭裁判所調査官らとの情報の交換を通して得られる情報なども用いて、鑑別を行います。具体的には、少年鑑別所内で判定会議が開かれ、そこで総合的に検討され、鑑別結果通知書が作成されます。内容は、少年の資質面の特徴、非行に至った要因、改善のための指針、処遇意見などがまとめられ、家庭裁判所に提出されます。

Q28 中学校の教師ですが、少年鑑別所で生徒に会うことはできるのでしょうか？

収容された少年の通う中学校の教員であれば、面会することができます。ただし、成人用の施設である拘置所のように、誰でも面会ができるわけではありません。少年鑑別所処遇規則には、「少年に対し面会を申し出た者があるときは、近親者、保護者、附添人その他必要と認める者に限り、これを許す」とありますので、中学校の先生は「その他必要と認める者」に相当すると考えられます。一般的には、保護者、３親等以内の近親者、配偶者、家族からの選任された弁護士（付添人）に加えて、保護司や担任教諭、勤務先の社長など、少年の健全育成に必要または有益と認められる人物であれば、面会は可能です。しかし、友人、恋人、同僚などは、通常は面会を許されません。面会は、平日の業務時間に行われており、事前の予約はとくに必要ありませんが、面会室がふさがっている場合などは、待たされることがあります。面会にあたっては、身分証明書の提示を求められることもありますので、持参したほうがよいでしょう。面会は通常３名程度まで認められますので、両親とともに面会をすることも可能です。

少年鑑別所のなかで、少年たちは不安な状況におかれていますので、教員が面会に行くことは意義深いものといえます（Q17も参照ください）。少年院に行くかどうかなどの審判結果は安易に予想できませんが、保護観察などで家に帰り、学校に復帰する場合も考えられます。少年鑑別所での教師との面会を通して、少年と教師が語り合い、信頼関係を構築することは、少年鑑別所から出た後の生活にも大きな影響が及びます。少年鑑別所に入る前は、少年の行動が荒れていて、きちんと話もできなかったという場合もあるでしょう。少年鑑別所にいる間は、きちんと話ができるという状況を最大限に生かして、その後の生活に資するような対応をすることは望ましいことでしょう。教師にとっても少年にとっても、非常に貴重な機会です。少年鑑別所でどのような話をすればよいか、家庭裁判所調査官と話し合っておくのも一つの手ではないかと思います。

なお、面会にさいしては、面会者が付添人（弁護士）の場合を除いて、原則として、鑑別所の職員が面会の場に立ち会うことになっています。これは、証拠隠滅の指示や逃亡、暴力行為の示唆など、鑑別業務に差し支えるような会話を防止する目的のためですが、会話の様子から少年の親子関係や対人関係のもち方などを知る貴重な場面となることもあります。

また、差し入れ品として、切手や便せん、現金（少年が鑑別所内で雑誌などを購入する）などが認められています。受験を控えた中学生であれば、教科書やワークブック類を差し入れすることが可能なこともあります。また、手紙のやりとりは自由ですが、面会と同様の理由で、文面は職員に見られるものと思ったほうがよいでしょう。

以上のような面会に関する原則的なルールは全国共通ですが、施設の大きさや事情によって、細かな点は異なっていることも少なくありません。まずは、保護者に連絡されている情報を確認し、面会の了解を得たうえで、面会の可否、差し入れ物品など不明な点は、該当する少年鑑別所の庶務課や面会受付窓口に問い合わせるようにしてください。

Q29 未成年なのに地方裁判所で刑事裁判を受けることはありますか？

あります。14歳以上になっていれば、地方裁判所で刑事裁判を受ける可能性が出てきます。これは家庭裁判所が検察官送致という決定を行い、事件が検察官に戻され、そして、成人と同じ公開の刑事裁判を受ける手続きに移るのです。家庭裁判所は教育主義（保護主義）をとっていますので、できれば刑事裁判ではなく、保護処分（保護観察や児童自立支援施設送致、少年院送致など）の決定をしたいところですが、当該事件がその許容範囲を超えているなどの場合は検察官送致が選択されます。

また、16歳以上で、人を故意に死亡させた場合は、原則的に検察官送致となります。原則ですから、例外も選択されうる可能性を残しており、少年院送致などの保護処分が選択される可能性は残っています。しかし、昨今の家庭裁判所の決定の動向をみると、このような事件ではほとんどの場合、検察官送致の決定が行われているようです。

このように未成年でも、場合によっては、大人と同じ扱い、すなわち地方裁判所で刑事裁判を受けることもありうるということは、頭のなかに入れておくべきでしょう。そして、懲役刑などの成人と同じような刑罰を受ける可能性もあるのです（Q32も参照）。

4．家庭裁判所での処分と関係機関

Q30 児童自立支援施設とはどのような施設ですか？　少年院とどこが違うのですか？

児童自立支援施設は、以前は教護院と呼ばれていたものです。児童自立支援施設送致とはこの施設に送致して、福祉的な対応で非行傾向やその他、問題行動などを改めるようにするものです。

児童自立支援施設は児童福祉法にもとづく児童福祉施設です。少年院が閉鎖施設であるのに対して、児童自立支援施設は開放施設です。建前としては少年は自由に出入りできることになりますが、実際は施設側と話をせずに勝手に出入りすることはできません。少年院を逃げ出すと逃走と呼ばれますが、児童自立支援施設から勝手に逃げ出すと「無断外出」と呼ばれます。それは基本的に開放施設だからです。

少年院が法務省の監督下にある施設であるのに対して、児童自立支援施設は厚生労働省の監督下にある児童福祉施設です。少年院と比較して、筆者は、児童自立支援施設は「育て直し」に力を入れているとの印象をもっています。

かつては小舎夫婦制を理想とし、夫婦である職員が、小規模の寮を運営し、自分たちの子どもを育てながら、対象児童を育てるという考え方を理想としていました。しかし、現在では、小舎夫婦制をとっている児童自立支援施設は少なくなりました。

それぞれの寮で生活しながら、施設のなかにある小学校や中学校に通い、また自分たちの寮に戻って生活するというスタイルをとります。最近では、各寮から施設外の高校に通う子どもも増えてきました。

Q31 少年院とはどのような施設ですか？

少年院送致は、少年を少年院に収容して矯正教育を行うという処分です。少年院は児童自立支援施設と違って閉鎖施設です。施設外に逃げ出すことはできません。

少年院の種類は、平成27年６月１日に新しい少年院法が施行され、従来の初等少年院、中等少年院、特別少年院、医療少年院という区分が廃止されました。そして、同法第４条によって新たに、第一種（心身に著しい障害がないおおむね12歳以上23歳未満の者）、第二種（心身に著しい故障がない犯罪的傾向の進んだおおむね16歳以上23歳未満の者）、第三種（心身に著しい故障があるおおむね12歳以上26歳未満の者）、第四種（少年院において刑の執行を受ける者）という四つが定められました。第三種少年院以外は、男子の少年院と女子の少年院に分けられています。

第一種少年院の収容期間は、長期処遇と短期処遇に分けられます。長期処遇は一般的に12か月前後となります。これ以外の長期処遇では、「相当長期」が24か月くらいまで、「比較的長期」が18か月までであり、２年を超える場合は個別に収容期間を定めることになっています。

短期処遇は６か月以内ですが、家庭裁判所で「特別短期間」の処遇勧告が付された場合は、原則と

表４－１　少年院新入院者の処遇課程［法務省矯正局 2015］

<table>
<tr><th>少年院の種類</th><th>矯正教育課程</th><th>符号</th><th>在院者の類型</th><th>矯正教育の重点的な内容</th><th>標準的な期間</th></tr>
<tr><td rowspan="8">第１種</td><td>短期義務教育課程</td><td>SE</td><td>原則として 14 歳以上で義務教育を終了しない者のうち、その者の持つ問題性が単純又は比較的軽く、早期改善の可能性が大きいもの</td><td>中学校の学習指導要領に準拠した、短期間の集中した教科指導</td><td>６月以内の期間</td></tr>
<tr><td>義務教育課程 I</td><td>E1</td><td>義務教育を終了しない者のうち、12 歳に達する日以後の最初の３月 31 日までの間にあるもの</td><td>小学校の学習指導要領に準拠した教科指導</td><td rowspan="2">２年以内の期間</td></tr>
<tr><td>義務教育課程 II</td><td>E2</td><td>義務教育を終了しない者のうち、12 歳に達する日以後の最初の３月 31 日が終了したもの</td><td>中学校の学習指導要領に準拠した教科指導</td></tr>
<tr><td>短期社会適応課程</td><td>SA</td><td>義務教育を終了した者のうち、その者の持つ問題性が単純又は比較的軽く、早期改善の可能性が大きいもの</td><td>出院後の生活設計を明確化するための、短期間の集中した各種の指導</td><td>６月以内の期間</td></tr>
<tr><td>社会適応課程 I</td><td>AI</td><td>義務教育を終了した者のうち、就労上、修学上、生活環境の調整上等、社会適応上の問題がある者であって、他の課程の類型には該当しないもの</td><td>社会適応を円滑に進めるための各種の指導</td><td rowspan="4">２年以内の期間</td></tr>
<tr><td>社会適応課程 II</td><td>A2</td><td>義務教育を終了した者のうち、反社会的な価値観・行動傾向、自己統制力の低さ、認知の偏り等、資質上特に問題となる事情を改善する必要があるもの</td><td>自己統制力を高め、健全な価値観を養い、堅実に生活する習慣を身に付けるための各種の指導</td></tr>
<tr><td>社会適応課程 III</td><td>A3</td><td>外国人等で、日本人と異なる処遇上の配慮を要する者</td><td>日本の文化、生活習慣等の理解を深めるとともに、健全な社会人として必要な意識、態度を養うための各種の指導</td></tr>
<tr><td>支援教育課程 I</td><td>NI</td><td>知的障害又はその疑いのある者及びこれに準じた者で処遇上の配慮を要するもの</td><td>社会生活に必要となる基本的な生活習慣・生活技術を身に付けるための各種の指導</td></tr>
</table>

表４－１（続き）

少年院の種類	矯正教育課程	符号	在院者の類型	矯正教育の重点的な内容	標準的な期間
第１種	支援教育課程Ⅱ	N2	情緒障害若しくは発達障害又はこれらの疑いのある者及びこれに準じた者で処遇上の配慮を要するもの	障害等その特性に応じた、社会生活に適応する生活態度・対人関係を身に付けるための各種の指導	２年以内の期間
	支援教育課程Ⅲ	N3	義務教育を終了した者のうち、知的能力の制約、対人関係の持ち方の稚拙さ、非社会的行動傾向等に応じた配慮を要するもの	対人関係技能を養い、適応的に生活する習慣を身に付けるための各種の指導	
第２種	社会適応課程Ⅳ	A4	特に再非行防止に焦点を当てた指導及び心身の訓練を必要とする者	健全な価値観を養い堅実に生活する習慣を身に付けるための各種の指導	
	社会適応課程Ⅴ	A5	外国人等で、日本人と異なる処遇上の配慮を要する者	日本の文化，生活習慣等の理解を深めるとともに、健全な社会人として必要な意識態度を養うための各種の指導	
	支援教育課程Ⅳ	N4	知的障害又はその疑いのある者及びこれに準じた者で処遇上の配慮を要するもの	社会生活に必要となる基本的な生活習慣・生活技術を身に付けるための各種の指導	
	支援教育課程Ⅴ	N5	情緒障害若しくは発達障害又はこれらの疑いのある者及びこれに準じた者で処遇上の配慮を要するもの	障害等その特性に応じた社会生活に適応する生活態度・対人関係を身に付けるための各種の指導	
第３種	医療措置課程	D	身体疾患、身体障害、精神疾患又は精神障害を有する者	心身の疾患、障害の状況に応じた各種の指導	
第４種	受刑在院者課程	J	受刑在院者	個別的事情を特に考慮した各種の指導	

して4か月以内の矯正教育を行うことになっています。

多くの少年は仮退院となって少年院を出て、仮退院中の保護観察がつきます（Q26参照）。少年院における処遇については表4－1「少年院新入院者の処遇課程」を参照ください。

Q32 少年刑務所とはどのようなところですか？ 少年院とはどこが違うのですか？

少年が家庭裁判所で検察官送致という決定を受けると、事件は検察官に戻され、地方裁判所で刑事裁判を受けます。その結果、懲役刑などを受けると、少年院ではなく、刑務所に収容されるのです。刑務所は刑罰を受けるために収容されるところです。少年院は矯正教育を受けるために送られる施設であり、罰を受けるために入る施設ではありません。刑務所は、刑罰を受けるために入るところなのです。

少年刑務所は刑務所の一つで、少年受刑者および26歳未満の若年受刑者（外国人および暴力団を除く）を収容しています。少年院の対応は少人数での対応が中心ですが、刑務所は多人数での対応となります。もともと刑務所は刑罰を与える機関であり、懲役受刑者には刑務作業が課されます。ただし、２００６年に監獄法が改正され、刑務所にも教育的な要素が入ってきました。再犯防止のプログラムなども行われるようになってきています。しかし、筆者の印象では、少年院のきめ細やかな教育とは本質的に違うように思われます。

また、少年法は、少年に懲役や禁錮を科す場合、原則として不定期刑を科すという方針をとっています。たとえば「長期5年、短期3年の不定期刑に処する」というように、年限を確定的に決めないで上限と下限のみを決めて宣告し、具体的な釈放の時期は、受刑者の改善具合をみて決定するというものです。日本では不定期刑は少年にのみ採用されています。また、犯行時18歳、19歳の少年については死刑もありうるのです。

Q33 試験観察について教えてください。

試験観察というのは、審判をしばらく先に延ばして様子をみるという決定です。

家庭裁判所は、保護処分の決定を行うため必要があると認めるときは、決定をもって、相当の期間、少年を家庭裁判所調査官の観察に付することができる(少年法25条1項)とされています。これを通常、試験観察と呼んでいます。試験観察の決定は、いわば中間決定です。しばらく先に再び審判をするので、その間、どんな生活をするか、家裁調査官にみてもらいなさいという内容になるわけです。

試験観察には在宅試験観察と補導委託があります。

在宅試験観察は、少年が自宅にいるなどして生活し、家裁調査官が少年の生活ぶりをみ、適切なアドバイス、訓戒などを与えながら、観察を続けるものです。

補導委託は少年を住み込み就労先などに預け、そこで生活や仕事をし、定期的に家裁調査官が補導委託先を訪ねるなどし、様子をみるものです。これは身柄つき補導委託といわれるものです。この補導委託は、家で生活させると、不良交友が断ち切れない、あるいは親との関係が悪くて、家で生活させられないなどの場合によく行われます。

試験観察の期間は、最近は3～4か月が多いのではないかと思われます。

その他、社会福祉施設でボランティアをさせる、清掃活動をさせる、親子合宿に参加させる、そのような活動をさせて、その様子を観察するという試験観察もあります。

Q34 付添人とは何ですか？

少年と保護者は家庭裁判所の許可を受けて、付添人を選任することができます。ただし、弁護士を付添人にする場合は許可がいりません。また、保護者は、家庭裁判所の許可を受けて付添人となることができます。付添人には、審判開始決定後の記録閲覧権など、保護者には認められていない権限があるので、保護者が付添人になるメリットがあるのです。

弁護士を付添人に選任する場合を考えてみましょう。この場合、私選付添人と国選付添人があります。私選で弁護士を付添人に選任する場合、弁護士費用は弁護士と協議して決めることになります。費用がかかりますので、費用が支出できない人も多いと思われます。そこで、日本弁護士連合会と各地の弁護士会では、少年や費用負担が困難な保護者に対して、弁護士会が弁護士費用を支出して付添人を選任する「少年保護事件付添援助事業」を実施しています。付添援助制度の詳細は、各地の弁護士会で尋ねてみてください。これに対して、国選付添人は、一定の重大事件について、私選付添人がいない場合に裁判所が職権で弁護士を付添人に選任する制度です。

少年は人格的にも未熟で、経験も知識も乏しい存在です。付添人は少年の健全育成のために、裁判官や家裁調査官と協議し、適切な処分が行われるように援助する裁判所への協力者という役割と、少年審判手続きが適正に行われるように監視する弁護人としての役割という、二面性を有すると考えられています。

参考文献

安倍淳吉（1978）『犯罪の社会心理学』新曜社

第５章
事例から学ぶ
非行理解の実際

1．事例から学ぶことの意義

臨床と事例

近年、臨床という言葉を耳にすることが多くなった。臨床とは、「床に臨む」と書く。すなわち、ベッドに臨むのである。さて、この臨床にはどのような意味があるのだろうか。筆者は臨床を次のように理解している。

図5－1を見ていただきたい。

ベッドに横たわる人がいる。この人は田中アキラさんという人だとする。その人を傍らで見守る人がいる。この人は山田タロウさんとする。そして、山田タロウさんは田中アキラさんを支援しようとしていると想定してみよう。

田中アキラさんは、世界に一人しかいない。同姓同名の人物がいたとしても、ここにいる田中アキラさんは世界に一人である。ここでは、この世界に一人しかいない田中アキラさんをどう理解するかが問題となる。心理学が、人間一般をどう理解するかを問題とするならば、臨床心理学は、世界にただ一人しかいない田中アキラさんをどう理解するかという面を包含している。さらに、援助者である山田タロウさんも、世界にただ一人しかいない。そうすると、世界にただ一人しかいない田中アキラさんを、世界にただ一人しかいない山田タロウさんが、どのように支援をすることができるかが問題となる。これを考えることが、臨床という言葉に託されていると筆者は考えるのである。

図５－１　「臨床」の意味するもの

さて、このように臨床には個別性が大きな意味をもつ。窃盗ひとつを取り上げてみても、ひとつひとつのケースに特殊性が存在する。この特殊性、個別性を理解しなければ、この窃盗という行為は理解できないし、また、この犯罪者への支援を考えることができないのは、容易におわかりいただけよう。

前章までは、いわば一般論を述べてきた。ここでは、事例をとりあげ、事例には特殊性、個別性があることをふまえて、犯罪をどう理解するか、またその対応はいかに考えるべきかを検討していきたい。

事例は、万引き、暴力非行、薬物非行、性非行、校内暴力をとりあげた。万引きは軽微な犯罪ととらえられることが多いが、場合によっては、背後に深い問題を有することもある。校内暴力は、学校の状況との関連が深い。薬物非行と性非行は一般に理解しにくい非行と考えられている。ぜひ事例を通して理解を深めていただきたい。

2. 万引きなど軽微な非行の理解

万引きの動向

従来、万引きはグループで行われることが多いと指摘されてきた。しかし、最近の傾向をみると、単独犯が増えてきている印象がある。神奈川県警察がまとめた「万引きの実態等に関する調査結果」［神奈川県警察 2006］によると、平成元年では、単独と2人以上はほぼ同率であったが、平成17年は単独が上回っている（表5－1）。また、男女比では、平成17年では女子が上回っている（表5－2）。

表5－1　単独かグループか

	平成元年	平成17年
単独	48.4%	66.3%
2人以上	50.8%	33.7%
無回答	0.8%	0%

表5－2　万引きをした人の男女比

	平成元年	平成17年
男子	124人（49.6%）	33人（31.7%）
女子	126人（50.4%）	56人（62.9%）

万引きの実際

事例1　集団での万引き・高校1年生女子

A子（高校1年生、16歳）は、ブティックで衣料品を万引きをして捕まった。いままでに補導歴はない。高校にもごく普通に通っている。ところが、警察が調べてみると、彼女はこれまでに十数回万引きをしていると話し、盗んだ物の総合計額は十数万円にものぼっていることが判明したのである。

A子が万引きをするようになったきっかけは、3か月ほど前のある事件からである。A子は、B子、C子、D子と学校帰りに大型スーパーに立ち寄った。スーパーにはとくに用事はなく、暇つぶしに立ち寄ったのである。ところが、そのとき、B子が口紅を手早くバッグに入れて万引きしたのである。4人は足早にスーパーを出て、この万引きは見事に成功してしまった。「この店は簡単に万引きができるということを友達から聞いていた」とB子はいい、A子はこれほど簡単に万引きができることを初めて知ったという。それから、A子は万引きをするようになり、ますます弾みがついた。4人はお互いに万引きをしては、戦利品を見せ合うようになった。

万引きの特徴は、罪悪感が希薄だということである。神奈川県警察の資料［2006］によれば、平成17年の調査では、「捕まった原因」についての質問に、少年たちは「別に原因などない」（53・6％）、「運が悪かったから」（26・2％）などという回答をあげている。非常に軽い気持ちで万引きに及んでいるのである。

また、「みんながやっている」という思いも犯罪の大きな動機である。表5－3を見ていただきたい。神奈川県警察の資料［2006］によると、万引きをした少年少女のうち、約4割以上の者が、「かなりの人がしている」「誰もがしている」と認識している。

万引きをする若者たちの間では、実際以上に万引きは多くの人たちがやっているという歪んだ認識があり、そのことが、この非行の一つの動機にもなっている。「みんながやっているから」という歪んだ認識は、犯罪を犯すことに対する罪悪感を軽減すると考えられるのである。

また、「みんながやっているのに自分だけやらないと、仲間はずれになる」「弱虫に思われる」「みんなと同じことをして、仲間として認められたい」という思いが、「同調行動」としての非行を促していく。

さて、表5－4、5の二つの表［神奈川県警察 2006］を見ていただきたい。万引きをしたとき、多

表５－３　万引きについての規範意識

	平成元年	平成 17 年
誰もがしている	1.3%	6.0%
かなりの人がしている	38.9%	40.5%
している人は少ない	31.6%	38.1%
ほとんどしていない	26.5%	9.5%
無回答	1.7%	6.0%

表５－４　万引きをしたときの所持金（平成 17 年）

所持金なし	9.5%
500 円未満	20.2%
500 円以上 1000 円未満	11.9%
1000 円以上 5000 円未満	36.9%
5000 円以上 1 万円未満	7.1%
1 万円以上	14.3%

表５－５　万引きの動機（平成 17 年）

どうしても欲しかったので	38.1%
その場で急に欲しくなったので	16.7%
お金を出して買うのがばかばかしかったので	14.3%
友達といて、何となく	10.7%

くの少年少女たちが現金を所持していることがわかる。１万円以上の現金を所持していた少年少女が14・３％もいるのである。万引きの動機として、「お金を出して買うのがばかばかしかったので」（14・３％）ということにもなるのであろう。

事例２　E子（高校１年生・16歳）

E子はブティックでセーターを万引きして捕まった。家庭は父親は一流企業のサラリーマン。母親はときどきパートで仕事をしている。経済的には裕福と思われ、月２万円のこづかいをもらい、さらにアルバイトで月３万円程度の収入を得ている。金銭的には、不自由のない生活をしていると考えられる。しかし、仲よくなった友人から万引きの見張り役を頼まれて手伝い、分け前として５０００円相当の装身具をもらったことに味をしめ、今度は一人で本件を敢行し捕まってしまった。補導後、警察官の印象では、E子は「欲しかっただけ」「（友人の）Y子だって（万引きを）やっている」など、罪悪感が希薄で困ったという。

「自分だけお金を出すのはつまらない。損だ」という動機は、女子の万引きの動機としては比較的多い。年ごろの女子にとっては、自分が欲しいもの、流行のもの、ちょっと大人っぽいファッションなどと、親が買い与えてくれるものとの間にずれがあるのが普通である。これが万引きの動機になることもある。一方、男子の万引きでは、勇気試し、能力の証明、仲間意識の確認、スリルを楽しむ、などの遊戯的・冒険的な動機が比較的多い。

このような万引き少年少女の成り行きは、おおむねよい。

しかし、不良集団の一員として万引きや自転車盗などを行っている者の場合、盗みはほかのあらゆる種類の犯罪へ発展していく。万引きはあらゆる非行・犯罪の入り口ともいえるのだ。

次の事例はどうだろう。

事例5　強盗事件――凶悪事件と軽微な事件

原付バイクに乗っている少年を4名で呼び止め、暴力をふるって原付バイクを強奪した。

動機は、どうしてもバイクに乗りたかったからだという。

彼らの動機は単純である。どうしても原付バイクに乗りたかったのだという。たんに乗りたいだけであれば、バイクを盗めばよいのである。しかし、暴力を振るってバイクを強奪したところに、本件の特徴がある。たんに原付バイクを盗んだというのであれば、比較的軽微な事件といえよう。しかし、本件のようになれば強盗事件であり、凶悪犯罪ということになる。万引き、バイク盗などの軽微事件は簡単に手を染めやすい。しかし、軽視してはいけないことが理解される。そこには凶悪犯罪への発展が待ちかまえている。軽微事件と凶悪事件の垣根は、意外に低いのである。

3. 暴力非行

暴行、傷害など暴力がともなう非行を一般に暴力非行と総称している。少年たちのなかには些細なことで激高し、いったん怒り出すと、その怒りはなかなか収束しない者もいる。彼らの多くは「手加減する」といった対人技術の習得が未熟で、そのために、自分が想像していた以上のダメージを被害者に与えてしまう。そして、場合によっては、傷害致死といった重大な事件にエスカレートすることもある。

事例　集団リンチ

中学3年生の少年を無職少年（16歳）、高校1年生（16歳）、中学3年生（15歳）の3人が呼び出し、深夜の人気のない公園で暴力を振るい、傷害を負わせた。被害少年（中3男子）から、からかわれた中3少年が、先輩に相談（告げ口）し、事件に至った。

悪質な少年犯罪、とりわけ暴力事件はしばしば集団関係のなかで生起する。そして、成人事件ではまずみられないような残虐な行為に発展することがある。

そのような少年たちの残虐な行為の背景には、少年特有の見栄や思惑が介在していることがしばしば指摘できる。例示すると、後輩に自分が強いところを見せつけたい。軽くみられたくない。あるいは、逆に先輩によいところをみせたい。先輩の指示に従わないと自分自身が暴力を受けるなど、お互いに刺激し合って犯行が予想外にエスカレートしていくのだ。気がつくと、普通では考えられないくらい残虐な行為に至っていたというのが、少年事件の一つの特徴である。少年ひとりひとりでは、まずそのようなことはできないにもかかわらず、結果として、集団で残虐非道な行為に至ってしまう。少年個人と一対一で対面すると、その犯罪内容の残虐さと目の前にいる弱々しい少年像の著しいギャップに驚かされることが多い。

暴力が問題になる子どもの場合、ほとんどが親から体罰などの暴力を受けている。川崎市で起きた死亡事件をみると、主導した無職少年（19歳）の父親は公判に出廷し、小学校低学年からの体罰を明らかにした。暴力をふるう少年たちの多くは、生育環境のなかで、親から暴力を受け、その結果、暴力による問題解決を学習してしまっている。また、このような少年たちは暴力事件の加害者でありながら、心のなかには「自分こそ被害者である」という気持ちがある。それがすさんだ気持ちを醸成し、暴力による支配をエスカレートさせる。

遊間［2000］は、暴力非行を犯す少年の人格の特徴として、社会化不全、人格の未熟さをあげ、さらに次のような特徴を述べている。①行動が一時の感情に支配される、②感情の安定性に欠け、おかれた状況に大きく左右される、③わがままで思いやりに欠ける、④脆弱な自己像と自己肥大の間の揺れ動き。

暴力非行を行う少年には、「他者から肯定的に評価されていない」という被害感が認められることが多い。このような少年は自尊感情が傷つきやすく、それが暴力非行行動につながると考えられるのである。

4．薬物非行

薬物非行の一つの特徴は、罪悪感をもちにくいということである。これは女子の性非行とも共通している。これらの非行は被害者なき非行(犯罪)ともいわれ、被害者がいないのである。あえていうなら、被害者は自分自身だということである。「お前の体がダメになる」と指導しても、「自分の体がどうなろうと人に注意される筋合いはない」などと反発を受けることにもなりかねない。また、法律で禁止されていない薬物を乱用し、法の目をくぐろうとする者も後を絶たない。これは脱法ドラッグの乱用といわれるものである。法律で規制しても、すぐに法律で規制されていない薬物を見つけては乱用し、法律と薬物のいたちごっこになるのである（Q６も参照されたい）。

事例　シンナー乱用の女子Ａ子（16歳）

シンナー（有機溶剤）を乱用しながら自動車を無免許運転したケースである。

父母はＡ子が１歳のときに離婚。母親は支配的な人物で、Ａ子のことを「口数が少なくておとなしい」という。Ａ子は不思議なシンナー体験を語った。「一人で吸うのは怖い」といい、

「友達といっしょに吸うと楽しい。そして、自分のなかの別の面が出てくる」「ふだんとはまったく逆の自分が出てきて」「自分で自分が恐ろしくなる」「何をしても怖くないという気持ちになる……シンナーから覚めると、そんな気持ちになっていた自分が恐ろしくなって冷や汗が出る」と述べた。

心理テストを使ってA子の内面を理解していったところ、「口数が少なくておとなしい」というのは、母親がつくり上げたA子像であることがわかってきた。実際は、この少女は母親そっくりな性格、すなわち非常に支配的な性格であることがわかった。

母親の前では自分本来の性格を出すことができず、シンナーを使うと、その本来の性格が出てくること、そして、それが非常に快感であることなどが理解された。

このように、一般に薬物は乱用者のもっとも弱い部分を探し出して、そこを支える。薬物乱用の指導には、薬物をやめさせ、規則正しい生活をさせる指導と、薬物によって補償されるような、自分の弱い部分と直面し、そこを改善していく指導が求められる。

しかし、指導はなかなか困難である。それは次のような理由からである。まず、薬物乱用者は、自分のほうが薬物については指導者よりよく知っているという、間違った自負心があることが多い。また、薬物の怖さをDVDや映画で指導しても、その恐怖感を友人どうしで支え合うために、指導が深まらない。さらに、極めつけは、動画などで過度に不安感や恐怖心を刺激すると、今度はその不安や恐怖を薬物乱用によってまぎらわせようとする行動に出るのである。薬物乱用から立ち直った者による講話や、自助グループに参加するなどして、お互いに支え合うことなどが効果を上げている。

5. 性非行

性非行とは一般に、少年非行のうち、強姦（強制性交等）、強制わいせつ、公然わいせつ、売春など、法に規定されている直接的な犯罪行為に加え、下着窃盗やのぞき見などの間接的に性的な欲求充足を求めて行われる逸脱的（倒錯的）行為の双方をさす。男子と女子ではその態様や意味が異なる（薬物非行の項および第４章のＱ５を参照されたい）。ここでは男子の性非行を中心にまとめることにする。

事例　下着盗　15歳男子Ａ（中３）

干されていた洗濯物から女性の下着を盗もうとして捕まったもの。

家族は過干渉な母親と不在がちな父親の３人家族。本件の内容を知った母親は動揺が大きく、どう対応してよいかわからないと相談室を訪ねてきた。

Ａはそのほかに非行歴はなく、警察に捕まったのも初めてである。性非行は性衝動の問題として考えがちであるが、この事件のような下着盗は思春期の自我の発達問題として考えるほうが適切である。

親離れのさいにしばしば起こるからである。過干渉な母親の呪縛から自由になろうとする心理プロセスのなかで、このような非行が起こることがある。男性的自己主張の表れと理解できることがしばしばある。ただし、汚れた下着を盗む行為は別である。かなり慎重な理解と対応が必要となる。

事例　仲間集団による強姦（強制性交）事件

17歳の3人組。男子高校生2人と高校中退の男子による輪姦事件。3人は遊び仲間で、盛り場では飲酒の常連である。女性との性的な遊びもふだんから行っている。20歳と偽って、19歳の女子大生と飲酒し、その後、公園で本件に至った。

強姦事件は、集団によるものが圧倒的に多く、1人で行うものは非常に少ない。集団で行われる場合は、所属する交遊集団に大きな影響を受けている。リーダー的な人物を除けば、それ以外は同調的に行っている場合が多い。このグループも高校中退の男子が主導し、あとの2人はそれに同調した傾向が強い。主導した男子は本件をいわゆるナンパの延長ととらえており、罪悪感は乏しい。その他の2人は戸惑いが強かったが、酔った勢いで、この人物に「つき合ってしまった」と述べていた。非常に後悔をしていた。

一方、単独による強姦は、内向型の性格で、仲間から孤立していることが多い。根深い自信の乏しさがあり、行為は男性性の劣等感を埋め合わせようとする意味合いをもつ場合がしばしば認められる。

性衝動の問題だけではなく、相手への支配欲求の問題が背後にある場合が多い。その点の理解も重要である。

強制わいせつは、暴力的に被害者を支配する点で、強姦とかなり共通するものがあるが、通常は単独で行うため、単独強姦型に近い。性交を目的としないことも多く、ときには男児に対して行われる。総じて、性的に未熟で性衝動の抑圧が強い場合が多い。

思春期における性の発達は、性欲のコントロールと「性」と「愛」の統合という二つの要素をもつ。性非行については、一般的に「性」と「愛」の分離や未統合が顕著であるといえる。

6. 累犯少年の特徴とその対応――被害者意識のパラドックス

少年たちのなかには、再犯をくり返し、罪の意識がほとんど深まらないようにみえる者がいる。彼らにはもちろん、理屈のうえでは悪いことをしたという自覚はある。ではなぜ罪意識が深まらないのだろうか。この背景には第１章４節「被害者意識という視点」で書いたように、彼らには「加害者でありながら被害者意識が強い」という複雑な心理が存在しているからである（第１章27ページ参照）。

このような犯罪をくり返す少年・少女たちは、罪を犯した加害者でありながら、気持ちのうえでは、あたかも自分が被害者のような立場に立っていることがわかる。彼らには、理屈のうえでは悪いことをしたという自覚がいちおうはある。しかし、心のなかでは「自分は不幸である」「不運である」「不当な扱いをされている」といった被害者意識が根強く、生活や行動はむしろこのような被害者意識に左右されているために、罪悪感が深まらないのだと考えられるのである。

この「加害者でありながら被害者意識が強い」という逆説は、非行少年一般に当てはまる。このように考えると、非行少年の心理の理解とカウンセリングのポイントは、まさにこの「自らの被害者意識ゆえに罪悪感が深まらない」という点にあることが理解される。この被害者意識に対する理解とケアが、非行臨床のもっとも重要な点であると筆者は考えている。では、なぜ、このような問題が起きるのだろうか。

いわゆる神経症者も非行少年も、内面に苦悩を抱えている点では同じである。ところが両者では、その苦悩の表れ方が異なっているのである。神経症者は自らが苦しんでいくタイプ、つまり、自分を苦しめていくタイプだといえる。ところが、非行少年は周囲や他者を苦しめていくタイプである。力の向く方向が逆である。非行少年たちは、苦悩の表れ方が外へと向かう。悩みを抱えるよりも、悩みを行動でまぎらわせようとするといってもよい。「悩みを抱えられない少年たち」［生島 1999］ともいえる。非行がしばしば行動化の病理といわれるのは、そのことと関係している。しかし、非行少年も内面に苦悩を抱えていることを忘れてはならない。その苦悩を共感し理解していくことが、非行少年への支援の基本なのである。

さて、彼らの心のなかが被害者意識に満ちていること、これは彼らの心が傷つき体験をくり返してきたからだといえる。

実際、少年院在院者（男女）の半分以上の者は、何らかの虐待をくり返し受けた経験があると報告されている［橋本 2004: 11-15］。

被害者意識への対応と行動化

非行をくり返す少年たちの胸の内には、親に虐待された、裏切られた、教師に不当に扱われたなどの被害者意識が深く鬱積しているのである。このような心の傷に対しては、カウンセリング的な手法で対応することになる。しかし、非行少年たちは神経症者と違って、激しい行動化がともなう。

たとえば、カウンセリングによって、関心が自分の内面に向かい、自分の問題などへ目が向くようになると、非行少年たちには、その焦燥感、不快感などから、「一気にすかっとしたい」といった気持ちが生じ、非行行動に走ってしまうことが多い。けっきょくは、問題行動や犯罪をくり返し、せっかく治療者と少年の間にでき上がった信頼関係をすぐに壊してしまうのである。そのため内省は深まらないのである。この行動化に対する配慮が、非行カウンセリングの大きな特色である。

こう考えると、行動化に対する対応として、行動規制を課す必要があることがあらためて理解できるだろう。ところが、カウンセリング的な治療は、本人の自由意思を尊重するのが原則である。これはある種の矛盾である。これがダブルロールの問題と呼ばれるものである［井上 1980: 147-148］。極論すれば、非行臨床の難しさは、このダブルロールの問題につきるともいえる。

自己決定の尊重

筆者は、この被害者意識と行動化の問題を扱ううえで、「自己決定の原則を貫かせる」ことが大きな意味をもつと考えている。次の事例をみてみよう。

事例　校内暴力　中3男子

中3男子の事例である。この事例は学校内で担任教師に暴力を振るい、傷害事件を起こした中学3年生男子Cの事例である。Cはつっぱりグループのボス的存在。体格はよいが自己表現が苦手で、口数が少ない。自分たち（つっぱり）は教師から普通の生徒と差別されているという被害感を強く抱くようになり、教師に反抗した。二度にわたって担任教師に暴力を振るった。

少年鑑別所に入り、約4週間の少年鑑別所生活の後、Cは試験観察決定を受けて自宅に帰った（試験観察についてはQ33参照）。

剃り込みと転校

少年鑑別所から帰宅した後、当初、Cの生活は順調に滑り出したかにみえた。しかし、ちょうど3回目の面接のときに異変が起きた。Cが額に青々とした「剃り込み」（この事件当時、非行傾向のある少年たちは、額の両サイドに剃り込みを入れることを好んでいた）を入れて現れ、筆者に「転校したい」と訴えたのである。理由を聞くと、自宅訪問にきた担任教師（本件の被害者）に対して、長兄が暴力を振るったのだという。その発端は、Ｃが長兄に、（自分の事件の被害者である）担任教師の陰湿さを訴えたことにある。それを聞いた長兄が立腹し、たまたま家庭訪問にきた担任教師との口論となり、暴力にまで発展したのである。

Ｃは「兄ちゃんまで担任教師に暴力を振るってしまった。バツが悪くて学校に行けない」といい、母親は「他県の中学へ転校させたい。転校を認めてほしい」と訴えた。

このような場合、どうすべきであろうか。本件では他県の学校に転校しても、試験観察は続行できると考えることにしよう。

筆者には、Ｃも母親もすでに転校することを決意していると思われた。しかし、Ｃの額には目にも鮮やかな「剃り込み」が入っている。そのような状態で転校すれば、転校先の学校で「不良」として扱われ、トラブルを起こす危険性が高まる。

結果として、筆者は肝心なことは少年自身に決定させる「自己決定の原則」を貫く方針をとることにした。すなわち、「転校するかしないかは、君（Ｃ）とお母さんが決めることだよ」と話しかけた。

「自己決定の原則」を貫くことにした理由は、非行少年たちは言い訳の天才だからである。非行少年たちは、こちらから「転校しろ」といえば、転校先で不適応を起こして、少年院に送られることになると、こんなことになったのは、筆者が転校しろと言ったからだと筆者のせいにする。逆に転校するなといえば、現状でうまくいかなくなって不適応行動を起こせば、それは筆者が転校するなと言ったからだと筆者を責める。いずれにせよ、筆者のせいにするのである。

筆者はそのような苦い思いを再三経験してきた。したがって、非行カウンセリングの基本は、あくまで自己決定の原則を貫き、それでうまくいけば励まし、うまくいかなければ、その責任を自分のものとして考えさせることに尽きると考えるに至ったのだ。

筆者は少年に「転校するかしないかは、君とお母さんが考えることだ。ただし、その剃り込みのままでは、最初から不良として目をつけられることになる。だから、その剃り込みが生えそろうまで待って、その間ゆっくり考えたらどうだろうか」と話し、「剃り込み」というものを治療的に利用する方策をとった。

Cと母親は転校することに決めたようだった。一方、学校側もCのために転校に向けて特別カリキュラムを組んだ。まさに転校する方向で、家庭も学校も動き始めたのである。

ところが、それほどうまくことは運ばなかった。突然Cの「転校の気持ち」が揺らぎ始めたのである。学校側も母親も動揺した。なぜ、少年が転校を嫌がるのか、その理由がよくわからなかったからである。しかし、その理由はのちに判明した。少年に対する生徒指導を担当している教師によると、「S子という女子生徒が好きになった」というのだ。

母親によれば、「Cは意外に奥手で、Cにとって恋愛は初めての経験だ」という。Cは転校するかどうかで気持ちが揺れ、そのために素行が乱れ始めた。

そんななかで、学校側は「転校させたほうが少年のためになるのではないか」「転校するように（筆者から）指導してもらえないか」と何度も求めてきた。だが、筆者は「転校するかどうかは本人と親が決めること。とにかく剃り込みが生えるまで待ちましょう」とくり返した。愚直なまでに、この姿勢を一貫して取り続けたのだ。

そんな流れのなか、ついにＣは「転校しない」ときっぱりと決意したのだった。

その後、生活が揺れる面はあったが、Ｃは生活を立て直し、無事卒業していったのである。面接を終了するにあたって、筆者がＣに、「いちばん辛かったのはいつだったか」と尋ねたところ、Ｃは「転校するかどうか迷っていたときがいちばん辛かった。でも、転校しなくてよかった」と述べたのが印象的であった。


まずこのケースで筆者が留意したことは、転校問題に対する対応であった。つまり、Ｃと母親が転校をいい出したときに、「転校するしないは自分が決めること」（自己決定）と促しながら、「しかし、（その決定を）剃り込みが生えるまで待つように」との姿勢をとったのだ。髪の毛が伸びる速度は誰もコントロールできないところに意味があった。その時間を利用できたのが幸運であった。

すでに指摘したが、非行臨床にはダブルロールという難しい問題が存在する。非行少年の対応においては、少年の行動規制を課す役割と、少年の自由意志を尊重するという二つの役割が求められ

（ダブルロール）、非行臨床に携わる者はその相克にしばしば困惑させられるというものである［井上1980: 147-148］。筆者は、これに関して「行動規制を課すがゆえに、だからこそ、肝心なことは自分で決定させるという自己決定の原則を貫くことでバランスが保たれる」と考える。自己決定なくして責任感は生まれないと考えるのだ。

逆説には逆説を

本稿では、非行臨床の難しさの原因を、非行少年の行動化にあると考えた。そして、彼らが行動化をくり返し、内省が深まらない原因は、非行少年たちは加害者であるにもかかわらず、被害者意識が強いためだと考えた。そして、少年の自己決定を重んじる家族システムを構築できるかどうかが、大きなポイントになると論じた。

このことは、次のように考えることもできるのではないだろうか。

非行少年たちは「加害者であるにもかかわらず被害者意識が強い」という、いわば逆説的な存在である。一方、対応はどうかというと、「行動規制を課しつつも、自己決定を重んじる」ということになる。これも逆説性をはらんでいることがわかる。つまり、非行少年たちは「加害者であるにもかかわらず被害者意識が強い」という、いわば逆説的な存在であるからこそ、この逆説的存在に対する治療的対応もまた、「行動規制を課しつつも、自己決定を重んじる」という逆説的なものにならざるをえないのではないか。ここに非行臨床の難しさがあり、それは同時に臨床家にとって、臨床活動を行ううえでの妙味となるのである。

参考文献

生島　浩（1999）『悩みを抱えられない少年たち』日本評論社
井上公大（1980）『非行臨床』創元社
神奈川県警察（2006）「万引きの実態等に関する調査結果」
橋本和明（2004）『虐待と非行臨床』創元社
村尾泰弘（2012）『非行臨床の理論と実践――被害者意識のパラドックス』金子書房
遊間義一（2000）「境界例的心性と非行」、安香他編著『臨床心理学大系20巻　子どもの心理臨床』金子書房

第６章
非行臨床の新しい視点

1. 被害者支援

被害者を忘れた刑事裁判

加害者の権利ばかりが重要視されている。被害者の権利はどうなるのか。最近、このような声をさかんに聞くようになった。

我が国では、明治6年の太政官布告「仇討禁止令」により、それまで私的制裁として認められていた仇討が法的に禁止された。その後、近代法の特徴である民刑峻別の考え方が定着し、犯罪の結果もたらされる被害は、「国家に対する被害」と「被害者個人に対する被害」の二つに分けて考えられるようになったのである。そして、前者は刑事手続きの対象、後者は民事手続きの対象となった。

刑事手続きは「加害者対国家」の対決の場となり、国家権力によって責任を追及される加害者には、自ら国家に立ち向かうことが要求される。そのため、加害者には憲法でも、刑事訴訟法においても、自らを国家から防御する権利が保障される、という展開になったのである。その結果、被害者は事件の当事者であるにもかかわらず、刑事裁判手続きで忘れられた存在になっていったのである。

ところが、被害者には納得のいかないことが多い。加害者に資力がない場合は、賠償金を実際にとることができない。テロ事件の被害者や通り魔殺人の被害者などは、「なぜ、私が」「なぜ、身内が」という思いを晴らすことができない。しかも、刑事事件において加害者の権利保障のみに焦点が当てられる現実には、被害者としては納得がいかないのである。

これまで、加害者の人権が取りざたされることは多かったのだが、被害者の人権に注目が集まることは少なかったといえる。そのようななかで、被害者を支援していこうという動きが高まっており、全国で被害者を支援する民間団体が設立され始めている。

多様な援助を必要とする被害者

通り魔殺人や無差別テロの被害者を考えてみていただきたい。被害者の遺族は事件があったときから生活は一変してしまう。なぜ自分がこのような目にあわなければならないのか。この理不尽な結末に納得いくはずがない。

このような特殊な例ばかりでなく、一般的に被害者は犯罪の被害を受けることで、身体的、精神的のみならず、経済的にも大きな苦痛や負担を強いられる。被害者は加害者に対し、民事の損害賠償請求を起こすことが可能である。だが、たとえ裁判に勝っても、加害者が無資力のため、損害賠償を受けられないことが多く、犯罪被害者の実質的被害回復の観点から、損害賠償制度は完全ではない。また、精神的なショックから立ち直れない場合も少なくない。このように、被害者の支援は精神面、経済面、生活面など、多角的な支援を必要とするのである。

犯罪被害者への損害賠償制度については、１９８０（昭和55）年に、「犯罪被害者等給付金支給法」が制定され、生命や身体を害する犯罪行為によって思いがけず殺された者の遺族または重い障害を負った者には、国から、遺族給付金・障害給付金と呼ばれる見舞金的な一時金が支給されることになった。その後、近年になって、国は被害者問題についてかなり動き始めている。平成16年には犯罪被害者等基本法が制定され、翌17年には「犯罪被害者等基本計画」が策定された。

ここでは、国によるこれまでの犯罪被害者等支援の主な取組をピックアップして、概観してみたい。

国による犯罪被害者等支援の取り組み

- 昭和56年「犯罪被害者等給付金支給法」施行
- 平成12年　犯罪被害者等保護二法制定

性犯罪に関する告訴期間の撤廃、公判におけるビデオリンク方式（性犯罪などの被害者が関係者がそろった法廷で証言することで精神的に負担を受けるような場合に、その負担を軽減するため証人を別室に在席させ、モニターを通して尋問を行う方式）など、証人の負担を軽減する措置の導入等。

- 平成16年「犯罪被害者等基本法」制定（平成17年4月施行）

犯罪被害者などが直面している困難な状況をふまえ、その権利利益の保護を図り、総合的な支援を進めることとした。犯罪被害者などのための基本方針および重点課題が決められ、これにより刑事手続きへの関与の拡充の取り組み、被害回復や経済的支援への取り組み、被害者参加制度の創設など、大幅な制度改正が行われた。

- 平成17年「犯罪被害者等基本計画」策定

「損害回復・経済的支援などへの取り組み」「精神的・身体的被害の回復・防止への取り組み」な

ど、258の支援施策を盛り込む。

・平成19年「犯罪被害者等の権利利益の保護を図るための刑事訴訟法等の一部を改正する法律」成立

刑事裁判への被害者参加制度や、刑事手続の成果を損害賠償請求に利用することができる制度の導入。

・平成20年「犯罪被害者等給付金の支給等に関する法律の一部を改正する法律」成立（平成20年7月1日施行）

遺族給付金や重傷病給付金の支給に関し、医療費の自己負担分に加え、休業補償を加算することを盛り込んだ。

平成20年から、被害者参加制度が開始され、殺人や傷害などの一定の被害者が、公判期日に法廷で検察官のとなりに着席して裁判に出席し、法廷で意見を述べることができるようになった。また、裁判所も被害者などと被告人（あるいは傍聴人）との間を遮蔽する措置やビデオリンク方式を採用したり、適当と思われる者を被害者に付き添わせるなどの配慮を拡充している［日本心理研修センター 2018］。

そのほかにも、犯罪被害者支援は警察においても近年積極的になされ、加害者の処分などに関する情報を提供することや、相談やカウンセリングの体制を整備すること、捜査によって余計な負担をかけず二次的被害を受けないように配慮すること、暴力団やストーカー、DVなどからの安全を確保することなど、新たな制度や取り組みが展開されている。

犯罪被害者の求める支援

さて、犯罪被害者たちは、実際にどのようなことで苦しみ、どのような支援を求めているのであろうか。

平成19年神奈川県は、県内の犯罪被害者などを対象に、事件後の心境や状況、必要と感じる支援、地方公共団体に求める支援施策などについて調査を実施した。その結果［神奈川県 2008］から、犯罪被害者たちの心情や求める支援について、次のようなことがわかる。

①事件後の心境や状況

犯罪被害者などの多くが、事件後、「不眠・食欲減退などの症状が続いた」（67・6％）などの精神的・身体的不調、「事件に関連して医療費、交通費、裁判費用などの負担が生じた」（56・8％）、「収入が減って、生活していくうえでの不安があった」（32・4％）などの経済的問題、「刑事手続きについてわからず不安だった」（51・4％）、「警察などでの事情聴取が苦痛だった」（43・2％）といった捜査などの過程における情報不足や精神的負担、そして「人目が気になり、外出できなくなった」（37・8％）、「家事、育児、介護ができなくなった」（29・7％）などの日常生活上の支障、「マスコミからの取材で迷惑した」（32・4％）など、さまざまな問題を抱えている。さらには、こうした「事件後に困ったことなどを相談できる窓口などがなかった」（32・4％）、「事件のことを安心して話せる人がいなかった」（29・7％）というように、相談できる人や窓口がないと感じている。

②必要と考える支援

多くが「精神的な支え」（86・5％）、「経済的な援助」（81・1％）、「捜査状況の連絡」（81・1％）を望み、「警察、病院、裁判所への付き添い」（それぞれ62・2％、62・2％、64・9％）や「支援機関・団体などの情報提供」（70・3％）、「弁護士の紹介」（67・6％）、「専門家のカウンセリング」（67・6％）などの支援も必要としている。

また、警察や県・市町村などの公的機関に対して、「総合的な窓口による支援」（73・0％）や医療、福祉、法律など支援制度全般について相談できる「総合アドバイザーによる支援」（73・0％）、「犯罪被害者等に対する理解の促進」（67・6％）といった施策を求めていることがわかる（（　）内は「必要」・「どちらかといえば必要」を足した数字）。

さて、被害者への支援に、各県の行政や警察では力を入れ始めている。また、民間の被害者支援団体の設立も進み、公的な機関と連携しながら被害者支援を行っている。

民間被害者支援団体が行っている被害者支援活動を簡単にまとめると、次のようになる。①電話相談、②面接相談（カウンセリングを含む）、③直接支援（被害者の法廷付き添いや病院訪問、自宅訪問などを行う）、④自助グループへの支援、などである。[*]

被害者支援には弁護士や臨床心理士などの専門家だけでなく、ボランティアなど多様な支援が求められる。また各都道府県の行政との密接な連携が求められよう。

2．犯罪被害者とトラウマ

トラウマ体験

九死に一生を得るような体験、性的な犯罪被害にあうこと、愛する者を失うこと、これらは心に大きな傷をつくる。一般に心の傷のことをトラウマと呼ぶ。トラウマ体験をした人たちは、しばしば、苦しい精神症状に悩まされることになる。

たとえば、眠れなくなる。眠ってもすぐに目が覚めてしまう。いわゆる睡眠障害である。

また、忘れてしまいたい出来事がくり返し脳裏によみがえる。これはフラッシュバックと呼ばれている。被害者たちは自分が受けた犯罪被害の場面を記憶から消し去ってしまいたいと訴えることが多い。しかし、それにもかかわらず、その忌まわしい場面がくり返し脳裏によみがえってくる。これは非常につらい体験であり、被害者たちはしばしば「頭がおかしくなるのではないか」「気が変になりそうだ」と訴える。

また、トラウマ体験に関わりのあること、場所などを避けようとする。その他、被害者たちに共通して生じやすい精神症状として、ハイパー・ビジランス（過度の警戒心）がある。たとえば、カーテンが風で揺れる音など、通常ならばなんでもないような音に対して、飛び上がってしまいそうな恐怖を感じてしまう。ちょっとした影のゆらめきに、凍りつくような怖さを感じる。このような過度に臆病になった自分について、やはり「気が変になりそうだ」と訴える場合がしばしば認められる。その他、複雑な症状に苦しめられる。

心的外傷後ストレス障害（ＰＴＳＤ）

心的外傷後ストレス障害（ＰＴＳＤ）とは、このような①再体験症状（フラッシュバック、悪夢など）、②回避症状（出来事を連想させる場所や行動を避ける）、③認知と感情の否定的変化、④慢性過覚醒症状（神経のたかぶり、不眠など）。これらの症状が１か月以上持続し[**]、苦痛と生活上の支障をきたすことを

＊ただし、全国の民間被害者支援団体が、これらの支援活動をすべて行っているとはかぎらない。民間被害者支援団体の活動は、電話相談から出発し、そのうえで活動の幅を広げてきた団体が多いと考えられ、多くの民間被害者支援団体は資金面などに課題を抱えているのが現状である。活動資金は会費や寄付金などでまかなわれているところが多く、ボランティアに支えられているのが実情といえる。

＊＊このような精神症状が１か月以上続く場合がＰＴＳＤであり、３日から１か月までのものをＡＳＤ（急性ストレス障害）と呼び、いちおう区別している。ＰＴＳＤの詳細な診断については、ＤＳＭ－５（『ＤＳＭ－５　精神疾患の診断と診断の手引き』医学書院）などを参照されたい。

いう。ＰＴＳＤとは、いわばトラウマ体験による後遺症と考えることができる。

ＰＴＳＤについては、トラウマ体験の直後から急性ストレス障害として精神症状が生じ、それがＰＴＳＤへとつながる場合もあるが、トラウマ体験からかなりの時間が経過した後に精神症状が発症する場合もあるといわれている。

たとえば、地震災害にあって3か月後あるいは1年後など、かなりの時間が経過してから発症する場合がある。災害直後は復興に向けて人一倍働いていた人が、かなりの時間が経過してから不調を訴え、自殺に至ったという話も聞く。精神症状の発症については、その人の自我の強さやその他の要素が複雑に関係している。

トラウマと自責感

トラウマ体験はさまざまな感情をもたらす。その代表は恐怖である。トラウマ体験者は恐怖にさいなまれる。ハイパービジランスもその一つである。

次に、怒りがある。虐待の子どものプレイセラピーを行うと、プレイのなかで、子どもたちは強い怒りを表出する。この怒りが充分に表出されることによって子どもたちの心は癒されていく。この癒しのプロセスのなかで、怒りが悲しみへと変化するとの指摘もある。たとえば、ただ闇雲に怒りを表出していた子どもが、やがて「自分は父親から虐待を受けて悲しかった」などと悲しみを表現するようになる。このような悲しみの表現ができるようになると、トラウマはかなり癒されてきているともいえよう。

ところで、トラウマはまた奇妙な感情をもたらす。それは自責感である。トラウマを体験すると、不思議なことに自分を責め始めるのである。

たとえば、強姦の被害者のなかには、加害者が一方的に悪い場合であっても、自分に隙があったのではないか、こんなことになったのは自分が悪いからだと、自分を責める場合が認められる。虐待を受けた子どもの場合も同様である。親が一方的に悪いにもかかわらず、自分が悪い子であったからだ、お母さんは自分のことを心配してくれているなどと、自分を責める場合が少なくない。

また、福知山線の脱線追突事故のさい、生存者のインタビューでも、この罪責感は如実に示された。まさに九死に一生を得た乗客たちは、テレビのインタビューに対して、生き残ったことを満面の笑みで喜ぶのではなく、まるで、自分が生き残ったことが申し訳ないような言動を一様に示したのである。つまり、「となりの人が亡くなったおかげで自分は助かったのではないか」「自分が助かったためにとなりの人は亡くなったのではないか」。このような自分を責める言動が、テレビでくり返し報道されたのである。これは、サバイバーズ・ギルトと呼ばれるものである。

このように、トラウマ体験は自責感を生み出し、自分を責め、さらにつらい状況に自分を追いやってしまうことがしばしばあるのである。このような自責感については、トラウマ体験者だけではなく、強いストレス下に持続的におかれた場合も、同様の自責感が生じやすいと考えられる。したがって、自分を責める傾向が強くなってきた場合は要注意である。ストレスが高まっていることを自覚し、一種のSOS信号と受け止めて、精神面のケアに努めるのがよいだろう。

遊びのなかで反復されるトラウマ体験

トラウマ体験には特殊な傾向が認められる。それは遊びのなかで無意識のうちに反復されるということである。

テア（L. C. Terr）という女性精神科医は、バスジャック被害を受けた子どもたちなどの行動観察によって、トラウマを受けた子どもたちの多くが、トラウマになった出来事を遊びのなかで再現していることに気づいた。その後、テアは、さまざまなトラウマを体験した子どもたちのその後の行動観察を通じて、トラウマを体験した子どもたちの遊びに共通した特徴を見いだし、これをポストトラウマティック・プレイと呼んだ。実際、日本でも、阪神淡路大震災の後、子供たちが地震ごっこをして遊んだという話をしばしば聞く。

虐待を受けた子どもたち、すなわち、被虐待児はプレイセラピーという治療の枠のなかで、虐待行為をくり返すことがしばしばある。つまりトラウマ体験の再現である。

たとえば西澤［1999］は、「身体的虐待を受けた子どもは、プレイの場面で自分が親からされた暴力的な行為や言動をぬいぐるみに向けることが多い。しかしながら、子どもがその関連性を意識していないことは珍しいことではない」と反復再現について指摘する。また、こういった現象は子どもにかぎったものではなく、成人の場合にも観察される。たとえばラッセル（D. Russell）は、売春をする女性のなかに思春期以前の性的被害体験をもつ者が多いことを見いだしたが、彼女たちのほとんどが、自分の被害体験と売春という行為の関連性を意識していなかったと報告している。このように、プレイ場面でくり返される遊びや行為のテーマと、もともとのトラウマ体験とのつながりは、意識の外におかれているといえよう。そしてテアは、先述のようにその関連性を意識化できるようになると、くり返しは消失すると考えているのである。また、ギル（E. Gil）は、トラウマが再現される環境がセラピストに守られた安全な空間であること、また、トラウマを受けたときとは違って子ども自身が能動的にその体験を再現するということなどが、快復のうえでは重要であると指摘している。

このように、被虐待児はトラウマ体験を再現しながらトラウマを癒していく。プレイセラピーのなかでのトラウマ体験の反復再現性は、トラウマからの快復にとって非常に重要な治療的な意味をもっている。レヴィ（D. Levy）は、再現自体にトラウマの消化吸収を促進する効果があるとしている。

プレイセラピーという枠組みのなかで、トラウマに焦点を当てて行われるトラウマ・ワークを「ポストトラウマティック・プレイセラピー」と呼ぶ。ポストトラウマティック・プレイセラピーとは、トラウマ・ワークの原則である「再体験」（reexperience）、「解放」（release）、「再統合」（reintegration）という「三つのR」を、プレイセラピーという枠組みのなかで行おうとするものである。この治療の基礎をつくったのは前述のテアである。

デブリーフィング

さて、被害直後の心理的な援助法として、かつてはデブリーフィングという手法がよく行われた。トラウマ体験をした人たちに対して2、3時間のグループセッションを行い、事件のなかで自分に起こったことや、そのときの感情などを話し合う。これはデブリーフィングと呼ばれる援助法であり、PTSDの発症予防が大きな目的となる。

デブリーフィングはトラウマ体験後の対応法として、有効なものと考えられてきたが、現在では、デブリーフィングの有効性について疑問の声が大きい。トラウマを他者に語り、断片化された記憶の再統合をはかるのは、あくまで治療者との信頼関係や安全感の確立がなされたうえでのことであり、安易に外傷体験を語らせることは再外傷化につながる危険性をはらむというのである。このような主張は、現在有力なものとなってきている。「治療者との信頼関係の樹立」と「安全感の確立」。これらは、心理療法の基本中の基本である。この基本を改めて肝に銘じておきたい。

被害者の家族支援

さて、犯罪被害では二次被害が取りざたされることも多い。たとえば、警察の事情聴取において無配慮な質問を受け、さらにトラウマを悪化させることなどはよく知られている。しかし、二次被害として家族関係の悪化が生じることは、一般にはあまり知られていない。ところが実際の支援現場では、犯罪や事故で子どもを失った夫婦が失意の末に離婚に至ることなどは、しばしば耳にするところである。大和田［2003］は子どもを犯罪で亡くした親124名を対象に質問紙調査を行い、二次被害について因子分析を行ったところ、「家族関係の悪化」が第1因子となったことを報告している。

なぜこのようなことが起こるのか。一つには、男性と女性ではストレス対処の方法が違うのだという指摘がある。たとえば、子どもを失った男性（夫）は仕事に黙々と打ち込むことで、辛い気持ちを乗り越えようとすることが多い。ところが女性（妻）は、自分の辛い気持ちを夫に聞いてもらいたい、話がしたい。すると、この妻にしてみれば、夫の態度はいかにも冷たい態度として映るに違いない。子どもを亡くすことは悲劇である。しかも、そのうえで夫婦関係が壊れてしまうとすれば二重の悲劇であろう。被害者のみならず、その家族をサポートすることも重要であることが理解されよう。

3. 被害者の視点を取り入れた教育――少年院、刑務所での取り組み

このような被害者に注目する状況は、犯罪少年の更生の場においても大きな影響を与えるに至った。これは被害者の立場を尊重する姿勢となって、矯正教育にも影響が表れている。平成17年4月から、全国の少年院で「被害者の視点を取り入れた教育」が実施されるに至った。

被害者の視点を取り入れた教育については、もともと少年院では、被害者の気持ちを考えるという教育は行われていた。だが、具体的に行われるようになったのは、平成9年の神戸連続殺傷事件（いわゆるサカキバラ事件）の後、生活訓練課程G3のなかに、被害者やその家族の気持ちを考えるとい

う教育が導入されるようになってからである。その後、平成16年に外部の専門家や大学関係者などが入って「被害者の視点を取り入れた教育研究会」が立ち上げられた。被害者の生の声や被害者理解のためのビデオ制作などが行われ、体系的なプログラムがつくられ、平成17年4月から全国すべての少年院で「被害者の視点を取り入れた教育」が行われるようになった。

また、刑務所においても平成18年5月から必要な刑務所において、この「被害者の視点を取り入れた教育」が行われるようになっている。

一例として、T少年院の取り組みを紹介したい。

T少年院では、入院から出院に至るまで、個別面接によって、被害者の心情を理解させる教育を行っている。これに加えて、被害者の視点をとり入れた教育として、集団討議（グループワーク）、ゲストスピーカーによる講話（被害者の「生の声」を聞く）、T少年院が独自に作成した「非行を振り返り、被害者のことを考えるワークブック」、ユースフルノートなどを用いて、この教育を行っている（これらは、被害者の視点をとり入れた教育のために用意されたプログラム、あるいは手段ではなく、これらのプログラムなどのなかで、この被害者の視点を取り入れた教育も行われると解される）。

集団討議（ディスカッション）は、7～8名のグループをつくり、そこに職員が2名ほど入り、自由に話させることで、グループとして少年たちの成長を促していくものである。少年院としては、

①グループに入ることを強制しない。すなわち、本人の意志を尊重する

②グループ内で話をした内容は他者にもらさない。すなわち、秘密を守る

という2点をグループ運営の条件としている。グループをつくるうえで対象となる非行内容は、性犯罪、薬物非行、窃盗、傷害である（性非行のグループについては、女性職員が1名入る）。これは、毎週1回、3か月間行われる。原則12回であるが、状況に応じて、長短が出てくる。このグループはいわば心の奥のことまで語ることになるので、深い信頼関係を形成することになる。いってみれば、心の扉を開けることになるので、出院するときは再びグループで話し合いをして、この心の扉を整えて出院させるというフォローアップの段階を行うという。

被害者教育に活用される手法として、ロールレタリングがある。これは、加害者である少年が、被害者に対して手紙を書き（実際には投函しない）、それを今度は少年が被害者の立場に立って読み、少年が被害者の立場に立って返信の手紙を書く。これを何回かくり返させるというものである。

このように、加害者の処遇にも、被害者の視点がとり入れられるようになった。現代の犯罪を語るには、被害者の問題を抜きにしては語れないのが実情である。

4. 修復的司法

修復的司法とは

少年犯罪や外国人による犯罪、その他、凶悪な事件の報道が後を絶たない。その一方で、地域社会の人間のつながりが希薄化している。このようななかで、もっと地域の力を見直していこうとする動きが起きている。地域で犯罪をとらえ直し、加害者と被害者の対話や交流を促していこうとする考え方である。これは世界的な動きとなり、大きな流れとなってきている。

修復的司法（restorative justice、修復的正義、回復的司法とも訳される）とは、犯罪を被害者と加害者、その家族を含む地域社会の問題としてとらえ、地域社会の回復力で自ら修復していこうとするものである。もともと犯罪は、地域社会の問題であった。それが近代に至り、社会の秩序維持が国家の役割となってから、犯罪は国家に対する犯罪となり、前述のように、刑事事件では、被害者は当事者として参加する機会もなく、疎外感をもたざるをえない存在になった。修復的司法は、もう一度犯罪を被害者と加害者と地域の人間的な関係のなかでとらえ直し、当事者参加的対話的手法によって、被害回復と加害者の更生、地域の安全をはかろうとするものなのである。

修復的司法の具体的手法のなかで、もっとも世界的に普及している（25年以上の歴史をもつ）のは、「被害者加害者調停（victim offennder mediation、略してＶＯＭ）」で、アメリカ合衆国で３００以上、ヨーロッパで９００以上のプログラムがあるといわれている。

修復的司法の実際

少年事件に効果的といわれるのが「ファミリー・グループ・カンファレンス」（family group conference、略してＦＧＣ）で、とくに盛んなのはニュージーランド（１９８９年に法制化）とオーストラリアである。アジアでは（最近では）シンガポールでも法制化されている。

　これは少年事件のうち、凶悪事件を除く犯罪に対して開かれる、被害者と加害者の直接対話によるカンファレンス（会議）である。ファシリテーターが入り、加害者およびその保護者もしくは関係者、被害者とその保護者もしくは関係者と地域の人々がともに、少年が犯した犯罪について話し合う。この話し合いによって、加害者は被害者の心身のダメージについて理解を深め、一方、被害者はなぜ加害者が犯行に及んだのかのプロセスを理解し、加害者・被害者ともに、相互の立場についての理解が深まる。その結果、加害者は、被害者へ謝罪し、犯行への謝罪も含めて、地域社会でのボランティアなどをすることにより、罪を償うのである。

　このように、修復的司法にはさまざまな形態が考えられるが、共通することは次の点だと考えられる。①加害者と被害者（遺族）の直接的会合、②被害者の癒し、③被害者の被害からの回復と被害者・加害者関係性の修復、④加害者の被害者への謝罪、⑤加害者の再犯防止。

　しかし、この修復的司法にはさまざまな可能性や問題が指摘されている。たとえば、少年事件には有効との指摘がある一方で、凶悪事件や暴力事件には不適当であるという指摘がある。

日本における修復的司法の現状

　日本では、まだまだ修復的司法はその緒についたところというのが実情である。多くの研究者によって、世界各国の修復的司法や日本に導入する場合の課題に関する論文が書かれ、学会でも取り上げられているものの、具体的な制度や実践となると、各地で実験的試みがなされている程度の初歩の段階にあるといわざるをえない。そのような状況のなかでの実践例としては、２００１年6月に千葉県で立ち上げられたＮＧＯ「被害者加害者対話の会運営センター」がその試みを行っている。

修復的司法の実際

「被害者加害者対話の会運営センター」が行う「対話の会」のプログラムの一部を紹介したい。

ⅰ　対話の準備

センター内で担当する進行役（通常2名）を決め、この進行役が被害者・加害少年・家族などと面談し、対話の目的・意義などを十分に説明し、被害者の被害状況・加害少年が非行を犯すに至った経緯などを聞くとともに、両当事者に参加の意思があるか、相手の人格を尊重しつつ対話できる状態にあるかなどを確認する。

ⅱ　対話の参加者

両当事者の希望により、家族やそれ以外の支援者、地域の人（教師、保護司、友人、近所の人など）が参加できる。

ⅲ　対話の進め方

非公開、秘密保持を基本とし、次の4段階で進める。

第1段階

各参加者が事件での自分の体験、事件によって受けた影響を話す時間。

第2段階

質問と答えの時間。被害者は「どうして自分が襲われたのか」、「警察に通報したことで、自分を逆恨みしていやしないか」などの疑問や不安を加害少年に直接尋ねることができる。

第3段階

被害の回復や少年の更生のために何ができるか話し合う時間。

第4段階

話し合いが合意に達した場合、進行役はその内容を文書にまとめ、これを読み上げて参加者に確認し、各参加者の署名をもらってコピーを渡す。

ⅳ　対話の後で

合意文書の約束事が守られたかどうか確認し、必要に応じてフォローアップのための対話の会を開く。

このセンターの行う「対話の会」のモデルは、アメリカのミネソタ大学にある「修復的司法調停センター」が提唱し、進行役の養成講座などを開いて普及に努めている「VOM」や「FGC」にあるという。

同センターの山田由紀子弁護士は、加害者と被害者、お互いが人間的な接点をまったくもたないままにマスコミ報道や刑事・民事の手続きが進行していくことの弊害を指摘し、「マスコミを通じて見た相手のわずかな言動や、民事裁判で相手の代理人弁護士が書いた法律上の主張をみて、『自分に都合のよいことばかりを書いている』『反省の気持ちが感じられない』などと不信感をつのらせたり疑心暗鬼になったりする」と述べる。そして、「(その結果)その溝や距離は何倍にもなってしまう。進行役として、別々に双方に会ってみると、どちらの当事者も家族も普通以上に常識的で人間的な人々であることを実感する」と、直接対話の意義の大きさを強調している［山田 2002］。

高度に機械化され、情報化された社会だからこそ、修復的司法が主張する地域の修復力や直接対話の意義を、改めて考え直していく必要があるのではないだろうか。

被害者支援と地域の解決力

現代の非行臨床にある意味で革命的なインパクトを与えたものは何かと問われれば、筆者は被害者支援の観点であると答えたい。非行臨床に携わる者は、もっぱら加害者の問題に関心を向けるばかりで、被害者の心情理解や被害者のケア、被害者支援という観点は長い間放擲してきた。被害者の理解はあくまで、加害者を理解するうえでの補助的なものにすぎなかった。しかし、現在、被害者の問題が急激に注目されるようになった。トラウマ、ＰＴＳＤといった言葉が一般にも浸透するようになった。ひと昔前を思うと隔世の感がある。

また、この被害者支援の意識の高まりに呼応して、修復的司法が注目されるようになった。被害者支援にしろ修復的司法にしろ、これらへの注目は日本だけの問題ではない。世界的な大きな流れを形成してきているのである。

ただ、このような被害者への着目のなかで懸念される動きも散見される。それは加害者への厳罰化の動きである。被害者は事件によって計り知れないダメージを受ける。それは身体のダメージであり、心のダメージであり、経済的なダメージである。そのような被害者のダメージに直面すると、加害者を許せなくなる。その心情はよく理解できる。しかし、それがもっぱら加害者への厳罰化へと短絡的につながっていくのはいかがなものか。

修復的司法の動きにも不安材料がある。近年、ますます修復的司法の手法を検討するようになってきている。それはたいへん結構なことである。しかし、これについても、ともすると修復的司法の方向性を誤る危惧も感じられる。すなわち、加害者と被害者の接点をつくっていくことに終始してしまう恐れがあるからである。修復的司法とは、加害者と被害者の直接的な対話を促していくことは重要な要素である。しかし、それだけではない。そこには地域の解決力というものが、同様に重要なものとして存在すべきなのである。また、加害者と被害者が地域のなかで共存することを促すということも重要な要素である。地域の関わりを抜きにして、加害者と被害者の直接対話を促していくだけでは、本来の修復的司法とはいえない。我々は、この点の認識も十分もつべきであろう。

参考文献
大和田攝子（2003）『犯罪被害者遺族の心理と支援に関する研究』風間書房
神奈川県（2008）『神奈川県犯罪被害者等支援に関する有識者懇談会報告書』
西澤哲（1999）『トラウマの臨床心理学』金剛出版
日本心理研修センター監修（2018）『公認心理師　現任者講習会テキスト　２０１８年版』金剛出版
日本赤十字社（1996）『大規模災害発生後の高齢者生活支援に求められるメンタル・ヘルス・ケアの対応に関する調査研究報告書』
山田由紀子（2002）「少年と被害者の関係修復を目指して」、『月刊少年育成』第47巻第4号 pp.8-14、大阪少年補導協会

おわりに

群れなくなった少年たち――親と教師の受難の時代

最近の青少年は群れなくなったといわれて久しい。グループで活動することが、じつに下手になったのである。暴走族も激減している。これもその傾向の一例といえる。バイクを連ねて大勢で走るよりも、いわゆるゲームやSNS、インターネットなどを通して遊ぶほうが、最近の子どもたちには受けているらしいのだ。これは喜ぶべきか、悲しむべきか、一概に評価できない複雑な問題を含んでいる。

かつては少年たちは同じような問題をもつ者どうしでグループを形成したものだ。非行傾向のあるなしにかかわらず、少年たちはグループをつくり、それらのグループにはそれぞれのカラーをもっていた。非行をくり返す少年たち、つまり非行少年たちはそれなりに同じような格好をし、いわば非行少年らしいグループを形成したものである。だから、教師たちは、「ああ、あの子は問題をもっている」「非行グループに所属している」などと、ある程度容易に問題状況を理解できたのである。

ところが、現代の少年たちはバラバラである。グループで行動しないので、非行傾向のある生徒もそうでない生徒も同じようにみえてくる。つまり、どの少年も、みんな「普通の生徒」のようにみえるのである。しかし、一見「普通の生徒」にみえても、本当に問題を有しているかどうかはわからない。じっくりとその少年の内面に関わらないと、その少年の問題は見えてこない。これが現代なのだ。このことは親や教師にとっては受難の時代に入ったことを意味している。つまり、親や教師は、子どもとじっくりと腹を割って話をしないと、その子どもはみえてこないのである。これは言い換えれば、一対一の心の交流や、臨床心理学的な対応が求められているといってもよいだろう。

臨床心理学的な非行理解と対応とは――「困った子」から「困っている子」への認識の変換

さて、非行少年とは我々にとって、どのような存在なのであろうか。

非行少年たちは一言でいうならば「困った少年」である。彼らの非行行動によって親や教師、あるいは周囲は困っているわけである。そして、その行動を是正しようとして、親や教師は厳しく対応したり、やさしく接したり、あらゆる対応を試みることになる。しかし、それでも彼らの行動は改善されない場合、そういう少年たちが、我々心理臨床家のところに連れてこられるのである。

では、我々はどのように対応するか。

我々はこの「困った少年」という認識を、違う認識に変換するのである。認識の変換である。端的にいうと、「困った少年」から「困っている少年」という認識に変換するのである。「困った少年」と「困っている少年」では、ほんのわずかな言葉の変化であるが、意味は180度変わる。「困った少年」とは、困っている主体は少年を取り巻く周囲である。まわりが困っているのである。

ところが「困っている少年」ではどうか。これは困っている主体は少年自身である。「本人自身が困っている」から「困ったことをする」と考える。そして、この少年は、どこで困っているのか。どのような内容で困っているのか。このような視点から少年を理解していく。そして、少年が困っていることやその状況が理解できれば、そこに手当を与えていくのである。これが、少なくとも筆者の臨床心理学的なアプローチの根底にある考え方である。このような認識の変換こそが重要なのである。この重要性を強調して、本書を締めくくることにしたい。

本書の出版にさいしては明石書店の田島俊之氏に大変にお世話になった。心から感謝申し上げる。

令和2年1月

村尾泰弘

著者紹介

村尾泰弘（むらお・やすひろ）

1956年生まれ。横浜国立大学大学院修士課程修了。家庭裁判所調査官として非行や離婚など多くの家庭問題に関わった後、立正大学専任講師、助教授を経て、現在、立正大学社会福祉学部教授。認定NPO法人「神奈川被害者支援センター」理事長。家族心理士・家族相談士資格認定機構事務局長、日本家族心理学会理事、神奈川県青少年問題協議会委員、内閣府「少年非行事例等に関する調査研究」企画分析員、日本司法福祉学会会長などを歴任。臨床心理士としても活躍。専門領域は、非行臨床、臨床心理学、家族心理学。

おもな著書は、『家裁調査官は見た　家族のしがらみ』（新潮新書）、『家族臨床心理学入門――精神分析からナラティヴ・セラピーまで』（北樹出版）、『非行臨床の理論と実践――被害者意識のパラドックス』（金子書房）など。

新版　Q&A少年非行を知るための基礎知識
――親・教師・公認心理師のためのガイドブック

2020年3月25日　初　版 第1刷発行

著　　者　村尾泰弘
発 行 者　大江道雅
発 行 所　株式会社 明石書店
〒101-0021 東京都千代田区外神田6-9-5
電話 03（5818）1171
FAX 03（5818）1174
振替　00100-7-24505
http://www.akashi.co.jp/

装丁　明石書店デザイン室
印刷　株式会社文化カラー印刷
製本　協栄製本株式会社

（定価はカバーに表示してあります）　ISBN978-4-7503-5002-8

ソーシャルワークと修復的正義
癒やしと回復をもたらす対話、調停、和解のための理論と実践

エリザベス・ベック、ナンシー・P・クロフ、パメラ・ブラム・レオナルド 編著　林浩康 監訳
■A5判／上製／496頁　◎6800円

暴力を抑止し、被害に伴う苦痛について話し合うという共通性がある修復的正義とソーシャルワークの関係性や相互作用を初めて明らかにした画期的な本。学校、刑務所、地域社会、児童虐待、DV、高齢者など実践分野での生き生きとしたケーススタディを提示する。

● 内容構成 ●

第Ⅰ部　修復的正義の歴史、理論、実践の背景
第1章　序文／第2章　正義、修復、そしてソーシャルワーク／第3章　修復的正義の紹介／第4章　修復的正義実践

第Ⅱ部　場面に応じた修復的正義の実際
第5章　ソーシャルワークと修復的正義／第6章　刑務所における修復的正義／第7章　コミュニティ形成に向けた衝突の活用／第8章　児童福祉現場での修復的正義／第9章　家族の権利におけるフェミニストの視点／第10章　暴力発生後の協働／第11章　国際状況におけるソーシャルワークと修復的正義／第12章　修復的正義と高齢化

第Ⅲ部　修復的正義の課題と展望
第13章　結論と次なる歩み

概説　少年法
菊田幸一 著　◎2800円

子どもの権利と人権保障　いじめ・障がい・非行・虐待事件の弁護活動から
児玉勇二 著　◎2300円

子ども虐待防止・法的実務マニュアル【第6版】
日本弁護士連合会子どもの権利委員会 編　◎3000円

子どもの権利ガイドブック【第2版】
日本弁護士連合会子どもの権利委員会 編著　◎3600円

児童相談所改革と協働の道のり　子どもの権利を中心とした福岡市モデル
藤林武史 編著　◎2400円

児童相談所70年の歴史と児童相談　“歴史の希望としての児童”の支援の探究
加藤俊二 著　◎2800円

市区町村子ども家庭相談の挑戦　子ども虐待対応と地域ネットワークの構築
川松亮 編著　◎2500円

新版　ソーシャルワーク実践事例集　社会福祉士をめざす人・相談援助に携わる人のために
渋谷哲、山下浩紀 編　◎2800円

〈価格は本体価格です〉

非行・犯罪心理学 学際的視座からの犯罪理解
松浦直己著 ◎2600円

犯罪学ハンドブック
アンソニー・ウォルシュ著 松浦直己訳 ◎20000円

犯罪学研究 社会学・心理学・遺伝学からのアプローチ
パーオロフ・H・ウィクストラム、ロバート・J・サンプソン編著
松浦直己訳 ◎6000円

臨床現場で使える思春期心理療法の経過記録計画
心理治療計画実践ガイド
アーサー・E・ヨングスマ・Jrほか著 田中康雄監修 坂本律訳 ◎6500円

ラター 児童青年精神医学【原書第6版】
アニタ・タパー、ダニエル・パインほか編
長尾圭造、氏家武、小野善郎、吉田敬子監訳 ◎42000円

発達心理学ガイドブック 子どもの発達理解のために
マーガレット・ハリス、ガート・ウェスターマン著
小山正、松下淑訳 ◎4500円

発達障害白書 2020年版
日本発達障害連盟編 ◎3000円

発達障害のある触法少年の心理・発達アセスメント
熊上崇著 ◎6500円

子ども・家族支援に役立つアセスメントの技とコツ
よりよい臨床のための4つの視点、8つの流儀
川畑隆編著 ◎2200円

子ども・家族支援に役立つ面接の技とコツ
〈仕掛ける・さぐる・引き出す・支える・紡ぐ〉児童福祉臨床
宮井研治編 ◎2200円

発達相談と新版K式発達検査 子ども・家族支援に役立つ知恵と工夫
大島剛、川畑隆、伏見真里子、笹川宏樹、梁川惠、衣斐哲臣、
菅野道英、宮井研治、大谷多加志、井口絹世、長嶋宏美著 ◎2400円

教室の困っている発達障害をもつ子どもの理解と認知的アプローチ
非行少年の支援から学ぶ学校支援
宮口幸治著 ◎1800円

教室の「困っている子ども」を支える7つの手がかり
この子はどこでつまずいているのか？
宮口幸治、松浦直己著 ◎1300円

家庭や地域における発達障害のある子へのポジティブ行動支援PTR-F
子どもの問題行動を改善する家族支援ガイド
グレン・ダンラップほか著 神山努、庭山和貴監訳 ◎2800円

エピソードで学ぶ 子どもの発達と保護者支援
発達障害・家族システム・障害受容から考える
玉井邦夫著 ◎1600円

性の問題行動をもつ子どものためのワークブック
発達障害・知的障害のある児童・青年の理解と支援
宮口幸治、川上ちひろ著 ◎2000円

〈価格は本体価格です〉